胡适作品系列

胡适作品系列

胡适书话

北京大学出版社
PEKING UNIVERSITY PRESS

图书在版编目(CIP)数据

胡适书话/胡适著. —北京:北京大学出版社,2014.3
(胡适作品系列)
ISBN 978-7-301-23660-4

Ⅰ.①胡… Ⅱ.①胡… Ⅲ.①胡适(1891~1962)-书评-选集
Ⅳ.①G236

中国版本图书馆 CIP 数据核字(2013)第 311428 号

书　　　名	:胡适书话
著作责任者	:胡　适　著
责 任 编 辑	:张文礼
标 准 书 号	:ISBN 978-7-301-23660-4/I·2698
出 版 发 行	:北京大学出版社
地　　　址	:北京市海淀区成府路 205 号　100871
网　　　址	:http://www.pup.cn　新浪官方微博:@北京大学出版社
电 子 信 箱	:pkuwsz@126.com
电　　　话	:邮购部 62752015　发行部 62750672
	编辑部 62767315　出版部 62754962
印　刷　者	:北京中科印刷有限公司
经　销　者	:新华书店
	890 毫米×1240 毫米　32 开本　7.5 印张　180 千字
	2014 年 3 月第 1 版　2021 年 5 月第 5 次印刷
定　　　价	:39.00 元

未经许可,不得以任何方式复制或抄袭本书之部分或全部内容。
版权所有,侵权必究
举报电话:010-62752024　电子信箱:fd@pup.pku.edu.cn

胡适卸任后留居美国纽约,专心研究《水经注》。

1935年胡适与何东爵士一同荣获香港大学荣誉博士学位。
这是他一生所得35个荣誉学位的第一个。

1960年胡适摄于台中故宫博物院。

着博士服的胡适油画像。

青年时期的胡适像。

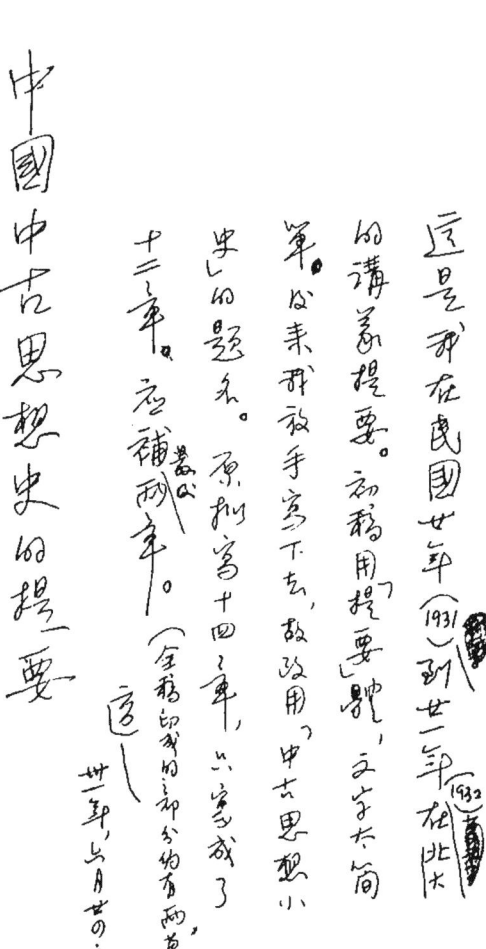

胡适《中国中古思想史的提要》手迹。

梵志翻著襪，人皆道是錯。乍可剌你眼，不可隱我腳。

王梵志的诗

胡適

胡适手书王梵志的诗。

神會和尚遺集

胡適校敦煌唐寫本

馬君武

1930年12月《神会和尚遗集》由上海亚东图书馆出版。

出版说明

　　胡适是20世纪中国最具国际声誉的学者、思想家和教育家。他在文、史、哲等学科取得了巨大的成就,是"五四"以来影响中国文化学术最深的历史人物。他活跃于社会政治领域,是中国自由主义最具诠释力的思想家。他在美国、英国、加拿大等欧美国家荣获三十五个名誉博士学位,是最具国际影响的中国学者。胡适生前在北京大学从事教学工作时间长达十八年之久,曾任北京大学文学院院长、校长等职。他对北大情有独钟,遗嘱中交待将他留在大陆的书籍和文件捐赠给北大图书馆。为反映这位文化巨人一生博大精深的文化建树,本社在北大百年校庆的1998年曾隆重推出一套大型胡适作品集——《胡适文集》(十二册),对所收作品均作了文字订正和校刊,其中有一部分作品,采用了胡适本人后来的校订本或北大的收藏本,具有很高的文献价值,受到学界和广大读者的欢迎。

　　因早已售缺,多年来,一直有要求重印的呼声。此次重印,此套书的编者著名胡适研究专家欧阳哲生先生又精心做了许多工作，包括对照已出各种版本的优长，重核胡适本人原始和修订版的文字等，力求呈现最接近大师本人原意的文字面貌。为方便读者阅读，我们从《胡适文集》之中精选部分内容，另外推出"胡适作品系列"。

胡适博学能文，所作书话类文章较多，本书所收书话，有的是谈读书的方法，有的是考证评论，有的是图书评介。性质不同，文章风格也不同，有的是专业的学术文章，有的是较为轻松的随笔，但都兼具知识性与可读性。

由于所处环境不同，研究视角与方法不同，因此本书对某些具体问题的描述和解释，与内地通行的说法有不尽相同之处，对这些说法，我们未作删改，这并不代表我们完全同意作者的说法，请读者在阅读时认真鉴别。本书的人名、地名、译名、标点等，有的与现行用法不同，为保存原貌，亦未加修改。

限于编辑水平，难免存在错漏之处，欢迎读者多提宝贵意见。

北京大学出版社
2013年12月

目 录

读 书 / 1
校勘学方法论——序陈垣先生的《元典章校补释例》 / 12
谈谈《诗经》 / 29
《海上花列传》序 / 43
海外读书杂记 / 73
评新诗集 / 87
《蕙的风》序 / 103
《中古文学概论》序 / 113
《吴虞文录》序 / 119
《人权论集》序 / 124
《南通张季直先生传记》序 / 126
介绍几部新出的史学书 / 131
读梁漱溟先生的《东西文化及其哲学》 / 145
《科学与人生观》序 / 174
《林肯》序 / 216
《日本的幽默》序 / 224

读 书

"读书"这个题,似乎很平常,也很容易。然而我却觉得这个题目很不好讲。据我所知,"读书"可以有三种说法:

(一)要读何书　关于这个问题,《京报副刊》上已经登了许多时候的"青年必读书";但是这个问题,殊不易解决,因为个人的见解不同,个性不同。各人所选只能代表各人的嗜好,没有多大的标准作用。所以我不讲这一类的问题。

(二)读书的功用　从前有人作《读书乐》,说什么"书中自有千钟粟,书中自有黄金屋,书中自有颜如玉",现在我们不说这些话了。要说,读书是求智识,智识就是权力。这些话都是大家会说的,所以我也不必讲。

(三)读书的方法　我今天是要想根据个人所经验,同诸位谈谈读书的方法。我的第一句话是很平常的,就是说,读书有两个要素：第一要精，第二要博。

现在先说什么叫"精"。

我们小的时候读书，差不多每个小孩都有一条书签，上面写十个字，这十个字最普遍的就是"读书三到：眼到，口到，心到"。现在这种书签虽不用，三到的读书法却依然存在。不过我以为读书三到是不够的；须有四到，是："眼到，口到，心到，手到"。我就拿它来说一说。

眼到是要个个字认得，不可随便放过。这句话起初看去似乎很容易，其实很不容易。读中国书时，每个字的一笔一画都不放过。近人费许多功夫在校勘学上，都因古人忽略一笔一画而已。读外国书要把A，B，C，D，……等字母弄得清清楚楚。所以说这是很难的。如有人翻译英文，把port看作pork，把oats看作oaks，于是葡萄酒一变而为猪肉，小草变成了大树。说起来这种例子很多，这都是眼睛不精细的结果。书是文字做成的，不肯仔细认字，就不必读书。眼到对于读书的关系很大，一时眼不到，贻害很大，并且眼到能养成好习惯，养成不苟且的人格。

口到是一句一句要念出来。前人说口到是要念到烂熟背得出来。我们现在虽不提倡背书，但有几类的书，仍旧有熟读的必要；如心爱的诗歌，如精采的文章，熟读多些，于自己的作品上也有良好的影响。读此外的书，虽不须念熟，也要一句一句念出来，中国书如此，外国书更要如此。念书的功用能使我们格外明了每一句的构造，句中各部分的关系。往往一遍念不通，要念两遍以上，方才能明白的。读好的小说尚且要如此，何况读关于思想学问的书呢？

心到是每章每句每字意义如何？何以如是？这样用心考究。但是用心不是叫人枯坐冥想，是要靠外面的设备及思想的方法的帮助。要做到这一点，须要有几个条件：

（一）字典，辞典，参考书等等工具要完备。这几样工具虽不能办到，也当到图书馆去看。我个人的意见是奉劝大家，当衣服，卖田地，至少要置备一点好的工具。比如买一本韦氏大字典，胜于请几个先生。这种先生终身跟着你，终身享受不尽。

（二）要做文法上的分析。用文法的知识，作文法上的分析，要懂得文法构造，方才懂得它的意义。

（三）有时要比较参考，有时要融会贯通，方能了解。不可但看字面。一个字往往有许多意义，读者容易上当。例如turn这字：

作外动字解有十五解，

作内动字解有十三解，

作名词解有二十六解，

共五十四解，而成语不算。

又如Strike：

作外动字解有三十一解，

作内动字解有十六解，

作名词解有十八解，

共六十五解。

又如go字最容易了，然而这个字：

作内动字解有二十二解，

作外动字解有三解，

作名词解有九解，

共三十四解。

以上是英文字须要加以考究的例。英文字典是完备的；但是某一字在某一句究竟用第几个意义呢？这就非比较上下文，或贯串全篇，不能懂了。

中文较英文更难，现在举几个例：

祭文中第一句"维某年月日"之"维"字，究作何解？字典上说它是虚字。《诗经》里"维"字有二百多，必需细细比较研究，然后知道这个字有种种意义。

又《诗经》之"于"字，"之子于归"、"凤凰于飞"等句，"于"字究作何解？非仔细考究是不懂的。又"言"字人人知道，但在《诗经》中就发生问题，必须比较，然后知"言"字为联接字。诸如此例甚多。中国古书很难读，古字典又不适用，非是用比较归纳的研究方法，我们如何懂得呢？

总之，读书要会疑，忽略过去，不会有问题，便没有进益。

宋儒张载说："读书先要会疑。于不疑处有疑，方是进矣。"他又说："在可疑而不疑者，不曾学。学则须疑。"又说："学贵心悟，守旧无功。"

宋儒程颐说："学原于思。"

这样看起来，读书要求心到；不要怕疑难，只怕没有疑难。工具要完备，思想要精密，就不怕疑难了。

现在要说手到。手到就是要劳动劳动你的贵手。读书单靠眼到，口到，心到，还不够的；必须还得自己动动手，才有所得。例如：

（1）标点分段，是要动手的。

（2）翻查字典及参考书，是要动手的。

（3）做读书札记，是要动手的。札记又可分四类：

（a）抄录备忘。

（b）作提要，节要。

（c）自己记录心得。张载说："心中苟有所开，即便札记。不则还塞之矣。"

（d）参考诸书，融会贯通，作有系统的著作。

手到的功用。我常说：发表是吸收智识和思想的绝妙方法。吸收进来的智识思想，无论是看书来的，或是听讲来的，都只是模糊零碎，都算不得我们自己的东西。自己必须做一番手脚，或做提要，或做说明，或做讨论自己重新组织过，申叙过，用自己的语言记述过，——那种智识思想方才可算是你自己的了。

我可以举一个例。你也会说"进化"，他也会谈"进化"，但你对于"进化"这个观念的见解未必是很正确的，未必是很清楚的；也许只是一种"道听途说"，也许只是一种时髦的口号。这种知识算不得知识，更算不得是"你的"知识。假使你听了我句话，不服气，今晚回去就去遍翻各种书籍，仔细研究进化论的科学上的根据；假使你翻了几天书之后，发愤动手，把你研究所得写成一篇读书札记；假使你真动手写了这么一篇《我为什么相信进化论？》的札记列举了

（一）生物学上的证据，

（二）比较解剖学上的证据，

（三）比较胚胎学上的证据，

（四）地质学和古生物学上的证据，

（五）考古学上的证据，

（六）社会学和人类学上的证据。

到这个时候，你所有关于"进化论"的知识，经过了一

番组织安排，经过了自己的去取叙述，这时候这些知识方才可算是你自己的了。所以我说，发表是吸收的利器；又可以说，手到是心到的法门。

至于动手标点，动手翻字典，动手查书，都是极要紧的读书秘诀，诸位千万不要轻轻放过。内中自己动手翻书一项尤为要紧。我记得前几年我曾劝顾颉刚先生标点姚际恒的《古今伪书考》。当初我知道他的生活困难，希望他标点一部书付印，卖几个钱。那部书是很薄的一本，我以为他一两个星期就可以标点完了。那知顾先生一去半年，还不曾交卷。原来他于每条引的书，都去翻查原书，仔细校对，注明出处，注明原书卷第，注明删节之处。他动手半年之后，来对我说，《古今伪书考》不必付印了，他现在要编辑一部疑古的丛书，叫作"辨伪丛刊"。我很赞成他这个计划，让他去动手。他动手了一两年之后，更进步了，又超过那"辨伪丛刊"的计划了，他要自己创作了。他前年以来，对于中国古史，做了许多辨伪的文字；他眼前的成绩早已超过崔述了，更不要说姚际恒了。顾先生将来在中国史学界的贡献一定不可限量，但我们要知道他成功的最大原因是他的手到的工夫勤而且精。我们可以说，没有动手不勤快而能读书的，没有手不到而能成学者的。

第二要讲什么叫"博"。

什么书都要读，就是博。古人说："开卷有益"，我也主张这个意思，所以说读书第一要精，第二要博。我们主张"博"有两个意思：

第一，为预备参考资料计，不可不博。

第二，为做一个有用的人计，不可不博。

第一，为预备参考资料计。

在座的人，大多数是戴眼镜的。诸位为什么要戴眼镜？岂不是因为戴了眼镜，从前看不见的，现在看得见了；从前很小的，现在看得很大了；从前看不分明的，现在看得清楚分明了？王荆公说得最好：

> 世之不见全经久矣。读经而已，则不足以知经。故某自百家诸子之书，至于《难经》、《素问》、《本草》诸小说，无所不读；农夫女工，无所不问；然后于经为能知其大体而无疑。盖后世学者与先王之时异矣；不如是，不足以尽圣人故也。……致其知而后读，以有所去取，故异学不能乱也。惟其不能乱，故能有所去取者，所以明吾道而已。（《答曾子固》）

他说："致其知而后读。"又说："读经而已，则不足以知经。"即如《墨子》一书在一百年前，清朝的学者懂得此书还不多。到了近来，有人知道光学，几何学，力学，工程学……等，一看《墨子》，才知道其中有许多部分是必须用这些科学的知识方才能懂的。后来有人知道了论理学，心理学……等，懂得《墨子》更多了。读别种书愈多，《墨子》愈懂得多。

所以我们也说，读一书而已则不足以知一书。多读书，然后可以专读一书。譬如读《诗经》，你若先读了北大出版的《歌谣周刊》，便觉得《诗经》好懂的多了；你若先读过社会学，人类学，你懂得更多了；你若先读过文字学，古音韵学，你懂得更多了；你若读过考古学，比较宗教学等，你懂得的更多了。

你要想读佛家唯识宗的书吗？最好多读点论理学，心理学，比较宗教学，变态心理学。无论读什么书总要多配几副好眼镜。

你们记的达尔文研究生物进化的故事吗？达尔文研究生物演变的现状，前后凡三十多年，积了无数材料，想不出一个简单贯串的说明。有一天他无意中读马尔图斯的人口论，忽然大悟生存竞争的原则，于是得着物竞天择的道理，遂成一部破天荒的名著，给后世思想界打开一个新纪元。

所以要博学者,只是要加添参考的材料,要使我们读书时容易得"暗示";遇着疑难时,东一个暗示,西一个暗示,就不至于呆读死书了。这叫做"致其知而后读"。

第二,为做人计。

专工一技一艺的人,只知一样,除此之外,一无所知。这一类的人,影响于社会很少。好有一比,比一根旗竿,只是一根孤拐,孤单可怜。

又有些人广泛博览,而一无所专长,虽可以到处受一班贱人的欢迎,其实也是一种废物。这一类人,也好有一比,比一张很大的薄纸,禁不起风吹雨打。

在社会上,这两种人都是没有什么大影响,为个人计,也很少乐趣。

理想中的学者,既能博大,又能精深。精深的方面,是他的专门学问。博大的方面,是他的旁搜博览。博大要几乎无所不知,精深要几乎惟他独尊,无人能及。他用他的专门学问做中心,次及于直接相关的各种学问,次及于间接相关的各种学问,次及于不很相关的各种学问,以次及毫不相关的各种泛览。这样的学者,也有一比,比埃及的金字三角塔。那金字塔(据最近《东方杂志》,第二十二卷第六号,页一四七)高四百八十英尺,底边各边长七百六十四英尺。塔的最高度代表最精深的专门学问;从此点以次递减,代表那旁收博览的各种相关或不相关的学问。塔底的面积代表博大的范围，精深的造诣，博大的同情心。这样的人，对社会是极有用的人才，对自己也能充分享受人生的趣味。宋儒程颢说的好：

> 须是大其心使开阔：譬如为九层之台，须大做脚始得。

博学正所以"大其心使开阔"。我曾把这番意思编成两句粗浅的口号，现在拿出来贡献给诸位朋友，作为读者的目标：

为学要如金字塔，
要能广大要能高。

十四，四，廿二夜改稿
（原载1925年4月18日《京报副刊》，收入《胡适文存三集》时，作者作了修改）

校勘学方法论
——序陈垣先生的《元典章校补释例》[1]

陈援庵先生（垣）在这二十多年之中，搜集了几种很可宝贵的《元典章》抄本；民国十四年故宫发现了元刻本，他和他的门人曾在民国十九年夏天用元刻本对校沈家本刻本，后来又用诸本互校，前后费时半年多，校得沈刻本讹误衍脱颠倒之处凡一万二千余条，写成《元典章校补》六卷，又补阙文三卷，改订表格一卷（民国二十年北京大学研究所国学门刊行）。《校补》刊行之后，援庵先生又从这一万二千多条错误之中，挑出一千多条，各依其所以致误之由，分别类例，写成《元典章校补释例》六卷。我和援庵先生做了几年的邻

---

[1] 《元典章校补释例》六卷，新会陈垣著，中央研究院历史语言研究所专刊之一，定价二元。

舍，得读《释例》最早，得益也最多。他知道我爱读他的书，所以要我写一篇《释例》的序。我也因为他这部书是中国校勘学的一部最重要的方法论，所以也不敢推辞。

校勘之学起于文件传写的不易避免错误。文件越古，传写的次数越多，错误的机会也越多。校勘学的任务是要改正这些传写的错误，恢复一个文件的本来面目，或使他和原本相差最微。校勘学的工作有三个主要的成分：一是发现错误，二是改正，三是证明所改不误。

发现错误有主观的，有客观的。我们读一个文件，到不可解之处，或可疑之处，因此认为文字有错误：这是主观的发现错误。因几种"本子"的异同，而发现某种本子有错误：这是客观的。主观的疑难往往可以引起"本子"的搜索与比较；但读者去作者的时代既远，偶然的不解也许是由于后人不能理会作者的原意，而未必真由于传本的错误。况且错误之处未必都可以引起疑难，若必待疑难而后发现错误，而后搜求善本，正误的机会就太少了。况且传写的本子，往往经"通人"整理过；若非重要经籍，往往经人凭己意增删改削，成为文从字顺的本子了。不学的写手的本子的错误是容易发现的，"通人"整理过的传本的错误是不容易发现的。试举一个例子为证。坊间石印《聊斋文集》附有张元所作《柳泉蒲先生墓表》，其中记蒲松龄"卒年八十六"。这是"卒年七十六"之误，有《国朝山左诗抄》所引墓表，及原刻碑文可证。但我们若单读"卒年八十六"之文，而无善本可比较，决不能引起疑难，也决不能发现错误。又《山左诗抄》引这篇墓表，字句多被删节，如云：

〔先生〕少与同邑李希梅及余从父历友结郢中诗社。

此处无可引起疑难；但清末国学扶轮社铅印本《聊斋文集》载墓表全文，此句乃作：

与同邑李希梅及余从伯父历视友，旋结为郢中诗社。
（甲本）

依此文，"历视"为从父之名，"友"为动词，"旋"为"结"之副词，文理也可通。石印本《聊斋文集》即从扶轮社本出来，但此本的编校者熟知《聊斋志异》的掌故，知道"张历友"是当时诗人，故石印本墓表此句改成下式：

与同邑李希梅及余从伯父历友亲，旋结为郢中诗社。
（乙本）

最近我得墓表的拓本，此句原文是：

> 与同邑李希梅及余从伯父历友、视旋诸先生结为郢中诗社。（丙本）

视旋是张履庆，为张历友（笃庆）之弟，其诗见《山左诗抄》卷四十四。他的诗名不大，人多不知道"视旋"是他的表字；而"视旋"二字出于《周易·履卦》，"视履考祥，其旋元吉"，很少人用这样罕见的表字。甲本校者竟连张历友也不认得，就妄倒"友视"二字，而删"诸先生"三字，是为第一次的整理。乙本校者知识更高了，他认得"张历友"，而不认得"视旋"，所以他把"视友"二字倒回来，而妄改"视"为"亲"，用作动词，是为第二次的整理。此两本文理都可通，虽少有疑难，都可用主观的论断来解决。倘我们终不得见此碑拓本，我们终不能发现甲乙两本的真错误。这个小例子可以说明校勘学的性质。校勘的需要起于发现错误，而错误的发现必须倚靠不同本子的比较。古人称此学为"校雠"，刘向《别录》说："一人读书，校其上下得谬误，为校；一人持本，一人读书，若怨家相对，为雠。"其实单读一个本子，"校其上下"，所得谬误是很有限的；必须用不同的本子对勘，"若怨家相对"，一字不放过，然后可以

"得谬误"。

改正错误是最难的工作。主观的改定，无论如何工巧，终不能完全服人之心。《大学》开端"在亲民"，朱子改"亲"为"新"，七百年来，虽有政府功令的主持，终不能塞反对者之口。校勘学所许可的改正，必须是在几个不同的本子之中，选定一个最可靠或最有理的读法。这是审查评判的工作。我所谓"最可靠"的读法，当然是最古底本的读法。如上文所引张元的聊斋墓表，乙本出于甲本，而甲本又出于丙本，丙本为原刻碑文，刻于作文之年，故最可靠。我所谓"最有理"的读法，问题就不能这样简单了。原底本既不可得，或所得原底本仍有某种无心之误（如韩非说的郢人写书而多写了"举烛"二字，如今日报馆编辑室每日收到的草稿），或所得本子都有传写之误，或竟无别本可供校勘，——在这种情形之下，改正谬误没有万全的方法。约而言之，最好的方法是排比异同各本，考定其传写的先后，取其最古而又最近理的读法，标明各种异读，并揣测其所以致误的原因。其次是无异本可互勘，或有别本而无法定其传授的次第，不得已而假定一个校者认为最近理的读法，而标明原作某，一作某，今定作某是根据何种理由。如此校改，虽不能必定恢复原文，而保守传本的真相以待后人的论定，也可以无大过了。

改定一个文件的文字，无论如何有理，必须在可能的范围之内提出证实。凡未经证实的改读，都只是假定而已，臆测而已。证实之法，最可靠的是根据最初底本，其次是最古传本，其次是最古引用本文的书。万一这三项都不可得，而本书自有义例可寻，前后互证，往往也可以定其是非，这也可算是一种证实。此外，虽有巧妙可喜的改读，只是校者某人的改读，足备一说，而不足成为定论。例如上文所举张元墓表之两处误字的改正，有原刻碑文为证，这是第一等的证实。又如《道藏》本《淮南内篇·原道训》："是故鞭噬狗，策蹄马，而欲教之，虽伊尹、造父弗能化。欲寅之心亡于中，则饥虎可尾，何况狗马之类乎？"这里"欲寅"各本皆作"欲害"。王念孙校改为"欲宾"。他因为明刘绩本注云"古肉字"，所以推知刘本原作"宾"字，只因草书"害"字与"宾"相似，世人多见"害"，少见"宾"，故误写为"害"。这是指出所以致误之由，还算不得证实。他又举二证：(1)《吴越春秋·勾践阴谋外传》，"断竹续竹，飞土逐宾"，今本作害；(2)《论衡·感虚》篇，"厨门木象生肉足"，今本《风俗通义》肉作害，害亦宾之误。这都是类推的论证，因《论衡》与《吴越春秋》的"宾"误作"害"，可以类推《淮南书》也可以有同类的误写。类推之法由彼例此，可以推知某种致误的可能，而终不能断定此误必同于彼误。直到顾广圻校得宋本果作"欲宠",然后王念孙得一古本作证,他的改读就更有力了。因为我们终不能得最初底本,又因为在义理上"欲害"之读并不逊于"欲肉"之读(《文子·道原》篇作"欲害之心忘乎中"),所以这种证实只是第二等的,不能得到十分之见。又如《淮南》同篇:"上游于霄霓之野,下出于无垠之门。"王念孙校,"无垠"下有"鄂"字。他举三证:(1)《文选·西京赋》"前后无有垠鄂"的李善注:"《淮南子》曰,出于无垠鄂之门。许慎曰,垠鄂,端崖也。"(2)《文选·七命》的李善注同。(3)《太平御览》地部二十:"《淮南子》曰,下出乎无垠鄂之门。高诱曰,无垠鄂,无形之貌也。"这种证实,虽不得西汉底本,而可以证明许慎、高诱的底本如此读,这就可算是第一等的证实了。

所以校勘之学无处不靠善本:必须有善本互校,方才可知谬误;必须依据善本,方才可以改正谬误;必须有古本的依据,方才可以证实所改的是非。凡没有古本的依据,而仅仅推测某字与某字"形似而误",某字"涉上下文而误"的,都是不科学的校勘。以上三步工夫,是中国与西洋校勘学者共同遵守的方法,运用有精有疏,有巧有拙,校勘学的方法终不能跳出这三步工作的范围之外。援庵先生对我说,他这部书是用"土法"的。我对他说:在校勘学上,"土法"和海外新法并没有多大的分别。所不同者,西洋印书术起于十五世纪，比中国晚了六七百年，所以西洋古书的古写本保存的多，有古本可供校勘，是一长。欧洲名著往往译成各国文字，古译本也可供校勘，是二长。欧洲很早就有大学和图书馆，古本的保存比较容易，校书的人借用古本也比较容易，所以校勘之学比较普及，只算是治学的人一种不可少的工具，而不成为一二杰出的人的专门事业，这是三长。在中国则刻印书流行以后，写本多被抛弃了；四方邻国偶有古本的流传，而无古书的古译本；大学与公家藏书又都不发达，私家学者收藏有限，故工具不够用，所以一千年来，够得上科学的校勘学者，不过两三人而已。

中国校勘之学起原很早，而发达很迟。《吕氏春秋》所记"三豕涉河"的故事，已具有校勘学的基本成分。刘向、刘歆父子校书，能用政府所藏各种本子互勘，就开校雠学的风气。汉儒训注古书，往往注明异读，是一大进步。《经典释文》广收异本，遍举各家异读，可算是集古校勘学之大成。晚唐以后，刻印的书多了，古书有了定本，一般读书人往往过信刻板书，校勘之学几乎完全消灭了。

十二世纪晚期，朱子斤斤争论《程氏遗书》刻本的是非；十三世纪之初，周必大校刻《文苑英华》一千卷[1]，在

---

[1] 编者按："远流本"此处补有胡适按语："适按，周必大死在1204。"

自序中痛论"以印本易旧书，是非相乱"之失，又略论他校书的方法；彭叔夏作《文苑英华辨证》十卷，详举他们校雠的方法，清代校勘学者顾广圻称为"校雠之楷模"。彭叔夏在自序中引周必大的话：

> 校书之法，实事是正，多闻阙疑。

他自己也说：

> 叔夏年十二三时，手抄太祖皇帝实录，其间云："兴衰治□之源"，阙一字，意谓必是"治乱"。后得善本，乃作"治忽"。三折肱为良医，信知书不可以意轻改。

这都是最扼要的校勘方法论。所以我们可以说，十二三世纪之间是校勘学的复兴时代。

但后世校书的人，多不能有周必大那样一个退休宰相的势力来"遍求别本"，也没有他那种"实事是正，多闻阙疑"的精神，所以十三世纪以后，校勘学又衰歇了。直到十七世纪方以智、顾炎武诸人起来，方才有考订古书的新风气。三百年中，校勘之学成为考证学的一个重要工具。然而治此学者虽多，其中真能有自觉的方法，把这门学问建筑在一个稳固的基础之上的,也不过寥寥几个人而已。

纵观中国古来的校勘学所以不如西洋,甚至于不如日本,其原因我已说过,都因为刻书太早,古写本保存太少;又因为藏书不公开,又多经劫火,连古刻本都不容易保存。古本太缺乏了,科学的校勘学自不易发达。王念孙、段玉裁用他们过人的天才与功力,其最大成就只是一种推理的校勘学而已。推理之最精者,往往也可以补版本的不足。但校雠的本义在于用本子互勘,离开本子的搜求而费精力于推敲,终不是校勘学的正轨。我们试看日本佛教徒所印的弘教书院的《大藏经》及近年的《大正新修大藏经》的校勘工作,就可以明白推理的校勘不过是校勘学的一个支流,其用力甚勤而所得终甚微细。

陈援庵先生校《元典章》的工作,可以说是中国校勘学的第一伟大工作,也可以说是中国校勘学的第一次走上科学的路。前乎此者,只有周必大、彭叔夏的校勘《文苑英华》差可比拟。我要指出援庵先生的《元典章校补》及《释例》有可以永久作校勘学的模范者三事:第一,他先搜求善本,最后得了元刻本,然后用元人的刻本来校元人的书;他拼得用极笨的死工夫,所以能有绝大的成绩。第二,他先用最古刻本对校,标出了所有的异文,然后用诸本互校,广求证据，定其是非，使我们得一个最好的，最近于祖本的定本。第三，他先求得了古本的根据，然后推求今本所以致误之由，作为"误例"四十二条，所以他的"例"都是已证实的通例；是校后归纳所得的说明，不是校前所假定的依据。此三事都足以前无古人，而下开来者，故我分开详说如下：

第一，援庵先生是依据同时代的刻本的校勘，所以是科学的校勘，而不是推理的校勘。沈刻《元典章》的底本，乃是间接的传抄本，沈家本跋原抄本说，"此本纸色分新旧：旧者每半页十五行，当是影抄元刻本；新者每半页十行，当是补抄者，盖别一本"。但他在跋尾又说："吾友董绶金赴日本，见是书，据称从武林丁氏假抄者。"若是从丁氏假抄的，如何可说是"影抄元刻本"呢？这样一部大书，底本既是间接又间接的了，其中又往往有整几十页的阙文，校勘的工作必须从搜求古本入手。援庵先生在这许多年中，先后得见此书的各种本子，连沈刻共有六本。我依他的记载，参以沈家本原跋，作成此书底本源流表：

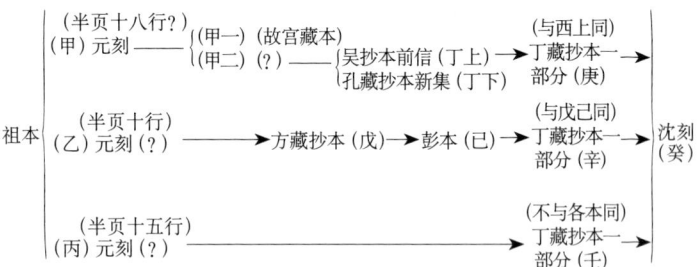

援庵先生的校补，全用故宫元刻本（甲一）作根据，用孔本（丁下）补其所阙祭祀门，又用各本互校，以补这两本的不足。因为他用一个最初的元刻本来校一部元朝的书，所以能校得一万二千条的错误，又能补得阙文一百零二页之多！试用这样伟大的成绩，比较他二十年前"无他本可校"时所"确知为讹误者若干条"，其成绩的悬绝何止百倍？他在本书第四十三章里，称此法为"对校法"，他很谦逊的说：

此法最简便，最稳当，纯属机械法；其主旨在校异同，不校是非，故其短处在不负责任：虽祖本或别本有讹，亦照式录之。而其长处则在不参己见；得此校本，可知祖本或别本之本来面目。故凡校一书，均须先用对校法，然后再用其他校法。

他又指出这个法子的两大功用：

一、有非对校不知其误者，以其表面上无误可疑也。例如：
元关本钱二十定　元刻作二千定
大德三年三月　元刻作五月
二、有知其误，非对校无以知为何误者。例如：

> 每月五十五日　元刻作每五月十五日。

此外,这个对校法还有许多功用,如阙文,如错简,如倒叶,如不经见的人名地名或不经见的古字俗字,均非对校无从猜想。故用善本对校是校勘学的灵魂,是校勘学的唯一途径。向来学者无力求善本,又往往不屑作此种"机械"的笨工作,所以校勘学至今不曾走上科学的轨道。援庵先生和他的几位朋友费了八十日的苦工,从那机械的对校里得着空前的大收获,使人知道校书"必须先用对校法",这是他奠定新校勘学的第一大功。

第二,他用无数最具体的例子来教我们一个校勘学的根本方法,就是:先求得底本的异同,然后考定其是非。是非是异文的是非,没有异文,那有是非?向来中国校勘学者,往往先举改读之文,次推想其致误之由,最后始举古本或古书引文为证。这是不很忠实的记载,并且可以迷误后学。其实真正校书的人往往是先见古书的异文,然后定其是非;他们偏要倒果为因,先列己说,然后引古本异文为证,好像是先有了巧妙的猜测,而忽得古本作印证似的!所以初学的人,看惯了这样的推理,也就以为校勘之事是应该先去猜想而后去求印证的了!所以我们可以说,古来许多校勘学者的著作,其最高者如王念孙、王引之的,也只是教人推理的法门，而不是校书的正轨；其下焉者，只能引学者走上舍版本而空谈校勘的迷途而已。校勘学的不发达，这种迷误至少要负一部分的责任。援庵先生的《校补》，完全不用这种方法，他只根据最古本，正其误，补其阙；其元刻误而沈刻不误者，一概不校；其有是非不易决定者，姑仍其旧。他的目的在于恢复这书的元刻本来面目，而不在于炫示他的推理的精巧。至于如何定其是非，那是无从说起的。他的一部《释例》，只是对我们说：要懂得元朝的书，必须多懂得元朝的特殊的制度，习俗，语言，文字。这就是说：要懂得一个时代书，必须多懂得那个时代的制度，习俗，语言，文字。那是个人的学问知识的问题，不是校勘学本身的问题。校勘的工作只是严密的依据古本，充分的用我们所用的知识学问来决定那些偶有疑问的异文的是非，要使校定的新本子至少可以比得上原来的本子，甚至于比原来的刻本还更好一点。如此而已！援庵先生的工作，不但使我们得见《元典章》的元刻的本来面目，还参酌各本，用他的渊博的元史知识，使我们得着一部比元刻本更完好的《元典章》。这是新校勘学的第一大贡献。

第三，援庵先生的四十二条"例"，也是新校勘学的工具，而不是旧校勘学的校例。校勘学的"例"只是最普通的致误之由。校书所以能有通例，是因为文件的误写都由写人的无心之误，或有心之误；无心之误起于感官（尤其是视官）的错觉；有心之误起于有意改善一个本子而学识不够，就以不误为误。这都是心理的现象，都可以有心理的普通解释，所以往往可以归纳成一些普通致误的原因，如"形似而误"，"涉上文而误"，"两字误为一字"，"一字误分作两字"，"误收旁注文"等等。彭叔夏作《文苑英华辨证》，已开校例之端。王念孙《读淮南内篇》的第二十二卷，是他的自序，[1]"推其致误之由"[2]，列举普通误例四十四条，又因误而失韵之例十八条，逐条引《淮南子》的误文作例子。后来俞樾作《古书疑义举例》，其末三卷里也有三十多条校勘的误例，逐条引古书的误文作例子。俞樾在校勘学上的成绩本来不很高明，所以他的"误例"颇有些是靠不住的，而他举的例子也往往是很不可靠的。例如他的第一条"两字义同而衍例"，就不成一条通例，因为写者偶收旁注同义之字，因而误衍，或者有之；而无故误衍同义之字，是很少见的。他举的例子，如硬删《周易·履》六三"跛能履，不足以与行也"的"以"字；如硬删《左传》隐元年"有文在其手曰为鲁夫人"的"曰"字；如硬删《老子》六十八章"是谓配天古之极"的"天"字，都毫无底本的根据，硬断为"两字义同而

---

[1] 编者按："远流本"此处补有"作于嘉庆二十年乙亥（1815）"一语。
[2] 编者按："远流本"此处补有"则传写讹脱者半，冯意妄改者亦半也"一语。

衍"，都是臆改古书，不足为校勘学的误例。王念孙的六十多条"误例"，比俞樾的高明多了。他先校正了《淮南子》九百余条，然后从他们归纳出六十几条通例，故大体上都还站得住。但王念孙的误例，分类太细碎，是一可议；《淮南》是古书，古本太少，王氏所校颇多推理的校勘，而不全有古书引文的依据，是二可议；论字则草书隶书篆文杂用，论韵则所谓"古韵部"本不是严格的依据，是三可议。校勘的依据太薄弱了，归纳出来的"误例"也就不能完全得人的信仰。

所谓"误例"，不过是指出一些容易致误的路子，可以帮助解释某字何以讹成某字，而绝对不够证明某字必须改作某字。前人校书，往往引一个同类的例子，称为"例证"，是大错误。俞樾自序《古书疑义举例》，说："使童蒙之子习知其例，有所据依，或亦读书之一助乎？"这正是旧日校勘家的大病。例不是证，不够用作"据依"。而浅人校书随意改字，全无版本的根据，开口即是"形似而误"，"声近而误"，"涉上文而误"，好像这些通常误例就可证实他们的臆改似的！中国校勘学所以不上轨道，多由于校勘学者不明"例"的性质，误认一个个体的事例为有普遍必然性的律例，所以他们不肯去搜求版本的真依据，而仅仅会滥用"误例"的假依据。

援庵先生的《释例》所以超越前人，约有四端：第一，他的校改是依据最古刻本的，误是真误，故他的"误例"是已证实了的误例。第二，他是用最古本校书，而不是用"误例"校书；他的"误例"是用来"疏释"已校改的谬误的。第三，他明明白白的说他的校法只有四个，此外别无用何种"误例"来校书的懒法子。第四，他明说这些"误例"不过是用来指示"一代语言特例，并古籍窜乱通弊"。他所举的古书窜乱通弊不过那最普通的七条（十二至十八），而全书的绝大部分，自第十九例以下，全是元代语言特例，最可以提醒我们，使我们深刻的了解一代有一代的语言习惯，不可凭借私见浅识来妄解或妄改古书。他这部书的教训，依我看来，只是要我们明白校勘学的最可靠的依据全在最古的底本；凡版本不能完全解决的疑难，只有最渊博的史识可以帮助解决。书中论"他校法"一条所举"纳失失"及"竹忽"两例是最可以供我们玩味的。

我们庆贺援庵先生校补《元典章》的大工作的完成，因为我们承认他这件工作是"土法"校书的最大成功，也就是新的中国校勘学的最大成功。

二十三，十，八

（原载1934年《国学季刊》第4卷第3号。又收入1934年10月出版的陈垣《元曲章校补释例》）

谈谈《诗经》

　　这是民国十四年九月在武昌大学讲演的大意,曾经刘大杰君笔记,登在《艺林旬刊》(《晨报副刊》之一)第二十期发表;又收在艺林社《文学论集》。笔记颇有许多大错误。现在我修改了一遍,送给顾颉刚先生发表在《古史辨》里。

　　　　　　　　　　　　二十,九,十一

　　《诗经》在中国文学上的位置,谁也知道,它是世界最古的有价值的文学的一部,这是全世界公认的。

　　《诗经》有十三国的国风,只没有《楚风》。在表面上看来,湖北这个地方,在《诗经》里,似乎不能占一个位置。但近来一般学者的主张,《诗经》里面是有《楚风》的,不过没有把它叫做《楚风》,叫它做《周南》、《召南》罢了。所以我们可以说:《周南》、《召南》就是《诗经》里面的《楚风》。

我们说《周南》、《召南》就是《楚风》,这有什么证据呢?这是有证据的。我们试看看《周南》、《召南》,就可以找着许多提及江水、汉水、汝水的地方。像"汉之广矣","江之永矣","遵彼汝坟"这类的句子,想大家都是记得的。汉水、江水、汝水流域不是后来所谓"楚"的疆域吗?所以我们可以说《周南》、《召南》大半是《诗经》里面的《楚风》了。

《诗经》既有《楚风》,我们在这里谈《诗经》,也就是欣赏"本地风光"。

我觉得用新的科学方法来研究古代的东西,确能得着很有趣味的效果。一字的古音,一字的古义,都应该拿正当的方法去研究的。在今日研究古书,方法最要紧;同样的方法可以收同样的效果。我今天讲《诗经》,也是贡献一点我个人研究古书的方法。在我未讲研究《诗经》的方法以前,先讲讲对于《诗经》的几个基本的概念。

(一)《诗经》不是一部经典。从前的人把这部《诗经》都看得非常神圣,说它是一部经典,我们现在要打破这个观念;假如这个观念不能打破,《诗经》简直可以不研究了。因为《诗经》并不是一部圣经,确实是一部古代歌谣的总集，可以做社会史的材料，可以做政治史的材料，可以做文化史的材料。万不可说它是一部神圣经典。

（二）孔子并没有删《诗》，"诗三百篇"本是一个成语。从前的人都说孔子删《诗》、《书》，说孔子把《诗经》删去十分之九，只留下十分之一。照这样看起来，原有的诗应该是三千首。这个话是不对的。唐朝的孔颖达也说孔子的删《诗》是一件不可靠的事体。假如原有三千首诗，真的删去了二千七百首，那在《左传》及其它的古书里面所引的诗应该有许多是三百篇以外的，但是古书里面所引的诗不是三百篇以内的虽说有几首，却少得非常。大概前人说孔子删《诗》的话是不可相信的了。

（三）《诗经》不是一个时代辑成的。《诗经》里面的诗是慢慢的收集起来，成现在这么样的一本集子。最古的是《周颂》，次古的是《大雅》，再迟一点的是《小雅》，最迟的就是《商颂》、《鲁颂》、《国风》了。《大雅》、《小雅》里有一部分是当时的卿大夫做的，有几首并有作者的主名；《大雅》收集在前，《小雅》收集在后。《国风》是各地散传的歌谣，由古人收集起来的。这些歌谣产生的时候大概很古，但收集的时候却很晚了。我们研究《诗经》里面的文法和内容，可以说《诗经》里面包含的时期约在六七百年的上下。所以我们应该知道，《诗经》不是那一个人辑的，也不是那一个人做的。

（四）《诗经》的解释。《诗经》到了汉朝，真变成了一部经典。《诗经》里面描写的那些男女恋爱的事体，在那班道学先生看起来，似乎不大雅观，于是对于这些自然的有生命的文学不得不另加种种附会的解释。所以汉朝的齐、鲁、韩三家对于《诗经》都加上许多的附会，讲得非常的神秘。明是一首男女的恋歌，他们故意说是歌颂谁，讽刺谁的。《诗经》到了这个时代，简直变成了一部神圣的经典了。这种事情，中外大概都是相同的，像那本《旧约全书》的里面，也含有许多的诗歌和男女恋爱的故事，但在欧洲中古时代也曾被教会的学者加上许多迂腐穿凿的解说，使他们不违背中古神学。后起的《毛诗》对于《诗经》的解释又把从前的都推翻了，另找了一些历史上的——《左传》里面的事情——证据，来做一种新的解释。《毛诗》研究《诗经》的见解比齐、鲁、韩三家确实是要高明一点，所以《毛诗》渐渐打倒了三家诗，成为独霸的权威。我们现在读的还是《毛诗》。到了东汉，郑康成读《诗》的见解比毛公又要高明。所以到了唐朝，大凡研究《诗经》的人都是拿《毛传》、《郑笺》做底子。到了宋朝，出了郑樵和朱子，他们研究《诗经》，又打破毛公的附会，由他们自己作解释。他们这种态度，比唐朝又不同一点，另外成了一种宋代说《诗》的风气。清朝讲学的人都是崇拜汉学，反对宋学的，他们对于考据训诂是有特别的研究，但是没有什么特殊的见解。他们以为宋学是不及汉学的，因为汉在一千七八百年以前，宋只在七八百年以前。殊不知汉人的思想比宋人的确要迂腐的多呢！但在那个时候研究《诗经》的人，确实出了几个比汉、宋都要高明的，如著《诗经通论》的姚际恒，著《读风偶识》的崔述，著《诗经原始》的方玉润，他们都大胆地推翻汉、宋的腐旧的见解，研究《诗经》里面的字句和内容。照这样看起来，二千年来《诗经》的研究实是一代比一代进步的了。

《诗经》的研究，虽说是进步的，但是都不彻底，大半是推翻这部，附会那部；推翻那部，附会这部。我看对于《诗经》的研究想要彻底的改革，恐怕还在我们呢！我们应该拿起我们的新的眼光，好的方法，多的材料，去大胆地细心地研究；我相信我们研究的效果比前人又可圆满一点了。这是我们应取的态度，也是我们应尽的责任。

上面把我对于《诗经》的概念说了一个大概，现在要谈到《诗经》具体的研究了。研究《诗经》大约不外下面这两条路：

（第一）训诂　用小心的精密的科学的方法，来做一种新的训诂工夫，对于《诗经》的文字和文法上都重新下注解。

（第二）解题　大胆地推翻二千年来积下来的附会的见

解；完全用社会学的，历史的，文学的眼光重新给每一首诗下个解释。

所以我们研究《诗经》，关于一句一字，都要用小心的科学的方法去研究；关于一首诗的用意，要大胆地推翻前人的附会，自己有一种新的见解。

现在让我先讲了方法，再来讲到训诂罢。

清朝的学者最注意训诂，如戴震，胡承珙，陈奂，马瑞辰等等，凡他们关于《诗经》的训诂著作，我们都应该看的。戴震有两个高足弟子，一是金坛段玉裁，一是高邮王念孙及其子引之，都有很重要的著作，可为我们参考的。如段注《说文解字》，念孙所作《读书杂志》、《广雅疏证》等；尤其是引之所作的《经义述闻》、《经传释词》，对于《诗经》更有很深的见解，方法亦比较要算周密得多。

前人研究《诗经》都不讲文法，说来说去，终得不着一个切实而明了的解释，并且越讲越把本义搅昏昧了。清代的学者，对于文法就晓得用比较归纳的方法来研究。

如"终风且暴"，前人注是——终风，终日风也。但清代王念孙父子把"终风且暴"来比较"终温且惠"，"终窭且贫"，就可知"终"字应当作"既"字解。有了这一个方法，自然我们无论碰到何种困难地方，只要把它归纳比较起来，就一目了然了。

《诗经》中常用的"言"字是很难解的。汉人解作"我"字,自是不通的。王念孙父子知道"言"字是语词,却也说不出他的文法作用来。我也曾应用这个比较归纳的方法,把《诗经》中含有"言"字的句子抄集起来,便知"言"字究竟是如何的用法了。

我们试看:

> 彤弓弨兮,受言藏之。
> 驾言出游。
> 陟彼南山,言采其蕨。

这些例里,"言"字皆用在两个动词之间。"受而藏之","驾而出游",……岂不很明白清楚?(看我的《诗三百篇言字解》,十三版《胡适文存》页三三五——三四〇)

苏东坡有一首《日日出东门》诗,上文说"步寻东城游",下文又说"驾言写我忧"。他错看了《诗经》"驾言出游,以写我忧"的"驾言"二字,以为"驾言"只是一种语助词。所以章子厚笑他说:"前步而后驾,何其上下纷纷也!"

上面是把虚字当作代名词的。再有把地名当作动词的,如"胥"本来是一个地名。古人解为"胥,相也",这也是错了。我且举几个例来证明。《大雅·笃公刘》一篇有"于胥斯原"一句,《毛传》说:"胥,相也。"《郑笺》说:"相此原地以居民。"但我们细看此诗共分三大段,写公刘经营的三个地方,三个地方的写法是一致的:

(1)于胥斯原。
(2)于京斯依。
(3)于豳斯馆。

我们比较这三句的文法,就可以明白,"胥"是一个地方的名称,假使有今日的标点符号,只要打一个"＿"儿就明白了。《绵》篇中说太王"爰及姜女,聿来胥宇",也是这个地方。

还有那个"于"字在《诗经》里面,更是一个很发生问题的东西。汉人也把它解错了,他们解为"于,往也"。例如《周南·桃夭》的"之子于归",他们误解为"之子往归"。这样一解,已经太牵强了,但还勉强解得过去;若把它和别的句子比较起来解释,如《周南·葛覃》的"黄鸟于飞"解为"黄鸟往飞",《大雅·卷阿》的"凤凰于飞"解为"凤凰往飞",《邶风·燕燕》的"燕燕于飞"解为"燕燕往飞",这不是不通吗?那末,究竟要怎样解释才对呢?我可以说,"于"字等于"焉"字,作"于是"解。"焉"字用在内动词的后面,作"于是"解,这是人人可懂的。但在上古文法里,这种文法是倒装的。"归焉"成了"于归";"飞焉"成了"于飞"。"黄鸟于飞"解为"黄鸟在那儿飞","凤凰于飞"解为"凤凰在那儿飞","燕燕于飞"解为"燕燕在那儿飞",这样一解就可通了。

我们谁都认得"以"字。但这"以"字也有问题。如《召南·采蘩》说:

> 于以采蘩?于沼于沚。于以用之?公侯之事。
> 于以采蘩?于涧之中。于以用之?公侯之宫。

这些句法明明是上一句问,下一句答。"于以"即是"在那儿?""以"字等于"何"字。(这个"以"字解为"那儿?"我的朋友杨遇夫先生有详说。)

> 在那儿采蘩呢?在沼在沚。又在那儿用呢?用在公侯之事。
> 在那儿采蘩呢?在涧之中。又在那儿用呢?用在公侯之宫。

像这样解释的时候,谁也说是通顺的了。又如《邶风·击鼓》"于以求之?于林之下",解为"在那儿去求呢?在林之下"。所以"于以求之"的下面,只要标一个问号(?),就一目了然了。

"诗经"中的"维"字,也很费解。这个"维"字,在"诗经"里面约有二百多个。从前的人都把它解错了。我觉得这个"维"字有好几种用法。最普通的一种是应作"呵,呀"的感叹词解。老子《道德经》也说"唯之与阿,相去几何?"可见"唯""维"本来与"阿"相近。如《召南·鹊巢》的

　　维鹊有巢,维鸠居之。维鹊有巢,维鸠方之。

若拿"呵"字来解释这一个"维"字,那就是"呵,鹊有巢!呵,鸠去住了!"此外的例,如"维此文王"即是"呵,这文王!""维此王季"即是"呵,这王季!"你们记得人家读祭文,开首总是"维,中华民国十有四年"。"维"字应顿一顿,解作"呵"字。

我希望大家对于《诗经》的文法细心地做一番精密的研究,要一字一句地把它归纳和比较起来,才能领略《诗经》里面真正的意义。清朝的学者费了不少的时间,终究得不着

圆满的结果，也就是因为他们缺少文法上的知识和虚字的研究。

上面已把研究《诗经》训诂的方法约略谈过，现在要谈到《诗经》每首诗的用意如何，应怎样解释才对，便到第二条路所谓解题了。

这一部《诗经》已经被前人闹得乌烟瘴气，莫名其妙了。诗是人的性情的自然表现，心有所感，要怎样写就怎样写，所谓"诗言志"是。《诗经·国风》多是男女感情的描写，一般经学家多把这种普遍真挚的作品勉强拿来安到什么文王、武王的历史上去；一部活泼泼的文学因为他们这种牵强的解释，便把它的真意完全失掉，这是很可痛惜的！譬如《郑风》二十一篇，有四分之三是爱情诗，《毛诗》却认《郑风》与男女问题有关的诗只有五六篇，如《鸡鸣》、《野有蔓草》等。说来倒是我的同乡朱子高明多了，他已认《郑风》多是男女相悦淫奔的诗，但他亦多荒谬。《关雎》明明是男性思恋女性不得的诗，他却在《诗集传》里说什么"文王生有圣德，又得圣女姒氏以为之配"，把这首情感真挚的诗解得僵直不成样了。

好多人说《关雎》是新婚诗，亦不对。《关雎》完全是一首求爱诗，他求之不得，便寤寐思服，辗转反侧，这是描写他的相思苦情；他用了种种勾引女子的手段，友以琴瑟，乐以钟鼓,这完全是初民时代的社会风俗,并没有什么希奇。意大利、西班牙有几个地方,至今男子在女子的窗下弹琴唱歌,取欢于女子。至今中国的苗民还保存这种风俗。

《野有死麕》的诗,也同样是男子勾引女子的诗。初民社会的女子多欢喜男子有力能打野兽,故第一章:"野有死麕,白茅包之。"写出男子打死野麕,包以献女子的情形。"有女怀春,吉士诱之。"便写出他的用意了。此种求婚献野兽的风俗,至今有许多地方的蛮族还保存着。

《嘒彼小星》一诗,好像是写妓女生活的最古记载。我们试看《老残游记》,可见黄河流域的妓女送铺盖上店陪客人的情形。再看原文:

> 嘒彼小星,三五在东。肃肃宵征,夙夜在公。实命不同。
>
> 嘒彼小星,维参与昴。肃肃宵征,抱衾与裯。实命不犹。

我们看她抱衾裯以宵征,就可知道她的职业生活了。

《芣苢》诗没有多深的意思,是一首民歌,我们读了可以想见一群女子,当着光天丽日之下,在旷野中采芣苢,一边采,一边歌。看原文:

> 采采芣苢，薄言采之。采采芣苢，薄言有之。
> 采采芣苢，薄言掇之。采采芣苢，薄言捋之。
> 采采芣苢，薄言袺之。采采芣苢，薄言襭之。

《著》诗，是一个新婚女子出来的时候叫男子暂候，看看她自己装饰好了没有，显出了一种很艳丽细腻的情景。原文：

> 俟我于著乎而？充耳以素乎而？尚之以琼华乎而？
> 俟我于堂乎而？充耳以黄乎而？尚之以琼英乎而？

我们试曼声读这些诗，是何等情景？唐代朱庆余上张水部有一首诗，妙有这种情致。诗云：

> 洞房昨夜停红烛，
> 待晓堂前拜舅姑。
> 妆罢低声问夫婿，
> "画眉深浅入时无？"

你们想想，这两篇诗的情景是不是很相像。

总而言之，你要懂得《诗经》的文字和文法，必须要用归纳比较的方法。你要懂得三百篇中每一首的题旨，必须撇开一切《毛传》、《郑笺》、《朱注》等等，自己去细细涵咏原文。但你必须多备一些参考比较的材料：你必须多研究民俗学，社会学，文学，史学。你的比较材料越多，你就会觉得《诗经》越有趣味了。

（收入顾颉刚编著：《古史辨》第三册，1931年朴社初版）

《海上花列传》序

一 《海上花列传》的作者

《海上花列传》的作者自称"花也怜侬",他的历史我们起先都不知道。蒋瑞藻先生的《小说考证》卷八引《谭瀛室笔记》说:

> 《海上花》作者为松江韩君子云。韩为人风流蕴藉,善弈棋,兼有阿芙蓉癖;旅居沪上甚久,曾充报馆编辑之职。所得笔墨之资悉挥霍于花丛。阅历既深,此中狐媚伎俩洞烛无遗,笔意又足以达之。

《小说考证》出版于民国九年;从此以后,我们又无从打听韩子云的历史了。民国十一年,上海清华书局重排的

《海上花》出版,有许厪父先生的序,中有云:

> 《海上花列传》……或曰松江韩太痴所著也。韩初业幕,以伉直不合时宜,中年后乃匿身海上,以诗酒自娱。既而病穷,……于是乎有《海上花列传》之作。

这段话太浮泛了,使人不能相信。所以我去年想做《〈海上花〉序》时,便打定主意另寻可靠的材料。

我先问陈陶遗先生,托他向松江同乡中访问韩子云的历史。陶遗先生不久就做了江苏省长;在他往南京就职之前,他来回复我,说韩子云的事实一时访不着;但他知道孙玉声先生(海上漱石生)和韩君认识,也许他能供给我一点材料。我正想去访问孙先生,恰巧他的《退醒庐笔记》出版了。我第一天见了广告,便去买来看;果然在《笔记》下卷(页十二)寻得《海上花列传》一条:

> 云间韩子云明经,别篆太仙,博雅能文,自成一家言,不屑傍人门户。尝主《申报》笔政,自署曰大一山人,太仙二字之拆字格也。辛卯(1891)秋应试北闱,余识之于大蒋家胡同松江会馆,一见有若旧识。场后南旋,同乘招商局海定轮船,长途无俚,出其著而未竣之

小说稿相示,题曰"花国春秋",回目已得二十有四,书则仅成其半。时余正撰《海上繁华梦》初集,已成二十一回;舟中乃易稿互读,喜此二书异途同归,相顾欣赏不置。惟韩谓"花国春秋"之名不甚惬意,拟改为"海上花"。而余则谓此书通体皆操吴语,恐阅者不甚了了;且吴语中有音无字之字甚多,下笔时殊费研考,不如改易通俗白话为佳。乃韩言:"曹雪芹撰《石头记》皆操京语,我书安见不可以操吴语?"并指稿中有音无字之𡢃𡢃诸字,谓"虽出自臆造,然当日仓颉造字,度亦以意为之。文人游戏三昧,更何妨自我作古,得以生面别开?"余知其不可谏,斯勿复语。迨至两书相继出版,韩书已易名曰《海上花列传》,而吴语则悉仍其旧,致客省人几难卒读,遂令绝好笔墨竟不获风行于时。而《繁华梦》则年必再版,所销已不知几十万册。于以慨韩君之欲以吴语著书,独树一帜,当日实为大误。盖吴语限于一隅,非若京语之到处流行,人人畅晓,故不可与《石头记》并论也。

我看了这一段,便写信给孙玉声先生,请问几个问题:
(1) 韩子云的"考名"是什么?
(2) 生卒的时代?

(3) 他的其他事迹?

孙先生回信说这几个问题他都不能回答；但他允许我托松江的朋友代为调查。

直到今年二月初，孙玉声先生亲自来看我，带来《小时报》一张，有"松江颠公"的一条《懒窝随笔》，题为"海上花列传之著作者"。据孙先生说，他也不知道这位"松江颠公"是谁；他托了松江金剑华先生去访问，结果便是这篇长文。孙先生又说，松江雷君曜先生（瑨）从前作报馆文字时署名"颠"字，大概这位颠公就是他。

颠公说：

> ……作者自署为"花也怜侬"，因当时风气未开，小说家身价不如今日之尊贵，故不愿使世人知真实姓名，特仿元次山"漫郎聱叟"之例，随意署一别号。自来小说家固无不如此也。

> 按作者之真姓名为韩邦庆，字子云，别号太仙，又自署大一山人，即太仙二字之拆字格也。籍隶旧松江府属之娄县。本生父韩宗文，字六一，清咸丰戊午（1858）科顺天榜举人，素负文誉，官刑部主事。作者自幼随父宦游京师，资质极聪慧，读书别有神悟。及长，南旋，应童试，入娄庠为诸生。越岁，食廪饩，时年甫二十余

也。屡应秋试，不获售。尝一试北闱，仍铩羽而归。自此遂淡于功名。为人潇洒绝俗，家境虽寒素，然从不重视"阿堵物"；弹琴赋诗，怡如也。尤精于弈；与知友楸枰相对，气宇闲雅；偶下一子，必精警出人意表。至今松人之谈善弈者，犹必数作者为能品云。

作者常年旅居沪渎，与《申报》主笔钱忻伯、何桂笙诸人暨沪上诸名士互以诗唱酬。亦尝担任《申报》撰著；顾性落拓不耐拘束，除偶作论说外，若琐碎繁冗之编辑，掉头不屑也。与某校书最昵，常日匿居其妆阁中。兴之所至，拾残纸秃笔，一挥万言。盖是书即属稿于此时。初为半月刊，遇朔望发行。每次刊本书一回，余为短篇小说及灯谜酒令谐体诗文等（适按，此语不很确，说详后）。承印者为点石斋书局，绘图甚精，字亦工整明朗。按其体裁，殆即现今各小说杂志之先河。惜彼时小说风气未尽开，购阅者鲜，又以出版屡屡愆期，尤不为阅者所喜。销路平平，实由于此。或谓书中纯用苏白，吴侬软语，他省人未能尽解，以致不为普通阅者所欢迎，此犹非洞见症结之论也。（适按，此指《退醒庐笔记》之说。）

书共六十四回，印全未久，作者即赴召玉楼，寿仅三十有九。殁后诗文杂著散失无存，闻者无不惜之。妻严氏，生一子，三岁即夭折；遂无嗣。一女字童芬，嫁

> 聂姓，今亦夫妇双亡。惟严氏现犹健在，年已七十有五，盖长作者五岁云。……

据颠公的记载，韩子云的夫人严氏去年（旧历乙丑）已七十五岁；我们可以推算她生于咸丰辛亥（1851）。韩子云比她少五岁，生于咸丰丙辰（1856）。他死时年仅三十九岁，当在光绪甲午（1894）。《海上花》初出在光绪壬辰（1892）；六十四回本出全时有自序一篇，题"光绪甲午孟春"。作者即死在这一年，与颠公说的"印全未久，即赴召玉楼"的话正相符合。

过了几个月，《时报》（4月22日）又登出一条《懒窝随笔》，题为"太仙漫稿"，其中也有许多可以补充前文的材料。我们把此条的前半段也转载在这里：

> 小说《海上花列传》之著作者韩子云君，前已略述其梗概。某君与韩为文字交，兹又谈其轶事云：君小名三庆，及应童试，即以庆为名，嗣又改名奇。幼时从同邑蔡蔼云先生习制举业，为诗文聪慧绝伦。入泮时诗题为"春城无处不飞花"。所作试帖微妙清灵，艺林传诵。逾年应岁试，文题为"不可以作巫医"，通篇系游戏笔墨，见者惊其用笔之神妙，而深虑不中程式。学使

者爱其才，案发，列一等，食于庠。君性落拓，年未弱冠，已染烟霞癖。家贫不能佣仆役，惟一婢名雅兰，朝夕给使令而已。时有父执谢某，官于豫省，知君家况清寒，特函招入幕。在豫数年，主宾相得。某岁秋闱，辞居停，由豫入都，应顺天乡试。时携有短篇小说及杂作两册，署曰《太仙漫稿》。小说笔意略近《聊斋》，而诙诡奇诞，又类似庄、列之寓言。都中同人皆啧啧叹赏，誉为奇才。是年榜发，不得售，乃铩羽而归。君生性疏懒，凡有著述，随手散弃。今此二册，不知流落何所矣。稿末附有酒令灯谜等杂作，无不俊妙，郡人士至今犹能道之。

二　替作者辩诬

关于韩子云的历史，我们只有这些可靠的材料。此外便是揣测之词了。这些揣测之词，本不足辩；但内中有一种传闻，不但很诬蔑作者的人格，并且伤损《海上花》的价值，我们不可以轻轻放过。这种传闻说：

> 书中赵朴斋以无赖得志，拥资巨万。方堕落时，致鬻其妹于青楼中，作者尝救济之云。会其盛时，作者

侨居窘苦，向借百金，不可得，故愤而作此以讥之也。然观其所刺褎瑕瑜，常有大于赵某者焉。然此书卒厄于赵，挥巨金，尽购而焚之。后人畏事，未敢翻刊。（清华排本《海上花》的许廑父序）

鲁迅先生的《中国小说史略》也引有一种传说。他说：

书中人物亦多实有，而悉隐其真姓名，惟不为赵朴斋讳。相传赵本作者挚友，时济以金，久而厌绝，韩遂撰此书以谤之。印卖至第二十八回，赵急致重赂，始辍笔，而书已风行。已而赵死，乃续作贸利，且放笔至写其妹为倡云。（《中国小说史略》页三〇九）

我们试比较这两条，便可断定这种传闻是随意捏造的了。前一条说赵朴斋挥金尽买此书而焚之，是全书出版时赵尚未死。后一条说赵死之后，作者乃续作全书。这是一大矛盾。前条说作者曾救济赵氏，后条说赵氏时救济作者：这是二大矛盾。前条说赵朴斋之妹实曾为倡；后条说作者"放笔至写其妹为倡"，是她实不曾为倡而作者诬她为倡：这是三大矛盾。——这些矛盾之处，都可以教我们明白这种传说是出于揣测臆造。譬如汉人讲《诗经》，你造一说，他造一说，都自夸有师传；但我们试把齐、鲁、韩、毛四家的说法排列在一块，看他们互相矛盾的可笑，便可以明白他们全是臆造的了。

我这样的断案也许不能叫人心服。且让我从积极方面提出证据来给韩子云辩诬。韩子云在光绪辛卯年（1891）北上应顺天乡试，与孙玉声先生同行南归。他那时不是一个穷急无赖靠敲竹杠度日的人，有孙先生可作证。那时他的《海上花》已有二十四回的稿子了。次年壬辰（1892）二月，《海上花》的第一第二回就出版了。我们明白这一层事实，便知道韩子云决不至于为了借一百块钱不成而做一部二十五万字的书来报仇的。

况且《海上花》初出在壬辰二月，到壬辰十月出到第二十八回，方才停版，改出单行石印本。单行的全部六十四回本出版在光绪甲午（1894）年正月，距离停版之时，仅十四个月。写印一部二十五万字的大书要费多少时间？中间那有因得了"重赂"而辍笔的时候？懂得了这一层事实，更可以明白"印卖至第二十八回，赵急致重赂，始辍笔；……赵死乃续作贸利"的话全是无根据的诬蔑了。

其实这种诬蔑的话头，很容易看出破绽。许廑父的序里也说：

> 然观其所刺褒瑕瑜，常有大于赵某者焉。

鲁迅也说：

> 然二宝沦落，实作者豫定之局。（页三〇九）

这都是从本书里寻出的证据。许君所说，尤为有理。《海上花》写赵朴斋不过写他冥顽麻木而已，并没有什么过分的贬词。最厉害的地方如写赵二宝决计做妓女的时候，

> 朴斋自取红笺，亲笔写了"赵二宝寓"四个大字，粘在门首。（第三十五回）

又如

> 赵二宝一落堂子，生意兴隆，接二连三的碰和吃酒，做得十分兴头。赵朴斋也趾高气扬，安心乐业。（同上回）

这不过是有意描写一个浑沌没有感觉的人，把开堂子只看作一件寻常吃饭事业，不觉得什么羞耻。天地间自有这一

种糊涂人，作者不过据实描写罢了。造谣言的人，神经过敏，偏要妄想赵朴斋是"作者挚友"，"拥资巨万"，——这是造谣的人自己的幻想，与作者无关。作者写的是一个开堂子的老板的历史：这一点我们须要认清楚了，然后可以了解作者描写赵朴斋真是"平淡而近自然"，恰到好处。若上了造谣言的人的当，误认赵朴斋是作者的挚友或仇家，那就像张惠言、周济一班腐儒向晚唐、五代的艳词里去寻求"微言大义"一般，永远走入魔道，永远不能了解好文学了。

聪明的读者！请你们把谣言丢开，把成见撒开，跟我来重读这一部很有文学风趣的小说。

这部书决不是一部谤书，决不是一部敲竹杠的书。韩子云是熟悉上海娼妓情形的人；颠公说他"与某校书最昵，常日匿居其妆阁中"。他天天住在堂子里，所以能实地观察堂子里的情形，所以能描写的那样深刻真切。他知道赵二宝（不管她的真姓名是什么）一家的人物历史最清楚详细，所以这部书虽采用合传体，却不能不用"赵氏世家"做个大格局。这部书用赵朴斋做开场，用赵二宝做收场，不但带写了洪氏姊弟，连赵朴斋的老婆阿巧在第二回里也就出现了。我们试仔细看这一大篇《赵氏家传》，便可以看出作者对于赵氏一家，只忠实地叙述他们的演变历史，忠实地描写他们的个性区别，并没有存心毁谤他们的意思。岂但不毁谤他们？

作者处处都哀怜他们，宽恕他们，很忠厚地描写他们一家都太老实了，太忠厚了，简直不配吃堂子饭。作者的意思好像是说：这碗堂子饭只有黄翠凤、黄二姐、周兰一班人还配吃，赵二宝的一家门都是不配做这行生意的。洪氏是一个浑沌的乡下老太婆，决不配做老鸨。赵朴斋太浑沌无能了，正如吴松桥说的，"俚要做生意！耐看陆里一样生意末俚会做嗄？"阿巧也是一个老实人，客人同她"噪"，她就要哭；作者在第二十三回里出力描写阿巧太忠厚了，太古板了，不配做大姐，更不配做堂子的老班娘娘。其中赵二宝比较最能干了；但她也太老实了，太忠厚了，所以处处上当。她最初上了施瑞生的当，遂致流落为娼妓。后来她遇着史三公子，感觉了一种真切的恋爱，决计要嫁她。史三公子走时，她局帐都不让他开销；自己还去借了几千块钱的债，置办四季嫁衣，闭门谢客，安心等候做正太太了。史三公子一去不回，赵朴斋赶到南京打听之后，始知他已负心另娶妻子了。赵二宝气的倒跌在地，不省人事；然而她睡在床上，还只回想"史三公子……如何契合情投，……如何性儿浃洽，意儿温存"（第六十二回）。后来她为债务所逼迫，不得已重做生意，——只落得她的亲娘舅洪善卿鼓掌大笑！（六十二回末）二宝刚做生意，便受"赖头鼋"的蹂躏：她在她母亲的病床前，"朴斋隅坐执烛，二宝手持药碗，用小茶匙喂与洪

氏",楼上赖三公子一时性发,把"满房间粗细软硬,大小贵贱",都打的精光。二宝受了这样大劫之后,

> 思来想去,上天无路,入地无门,暗暗哭泣了半日,觉得胸口隐痛,两腿作酸,楚向烟榻,倒身僵卧。

她入梦了。她梦见史三公子做了扬州知府,差人来接太太上任;她梦见她母亲

> 洪氏头戴凤冠,身穿霞帔,笑嘻嘻叫声"二宝",说道:"我说三公子个人陆里会差!故歇阿是来请倪哉!"

这个时候,二宝心头的千言万语,挤作了一句话。她只说道:

> 无(姆),倪到仔三公子屋里,先起头事体,嗄去说起。

这十九个字,字字是血,是泪,真有古人说的"温柔敦厚,怨而不怒"的风格!这部《海上花列传》也就此结束了。

聪明的读者,你们请看,这一大篇《赵氏家传》是不是敲竹杠的书?做出这样"温柔敦厚,怨而不怒"的绝妙文章的韩子云先生是不是做书敲竹杠报私仇的人?

三 《海上奇书》

去年10月底,我同高梦旦先生、郑振铎先生去游南京。振铎天天去逛旧书摊,寻得了不少旧版的小说。有一天他跑回旅馆,高兴的很,说:"我找到一部宝贝了!"我们看时,原来他买得了一部《海上奇书》。这部《海上奇书》是一种有定期的"绣像小说",他的第一期的封面上印着:

光绪壬辰二月朔日,每本定价一角。申报馆代售。
第一期《海上奇书》三种合编目录:
《太仙漫稿》〇《陶妖梦记》 自一图至八图,此稿未完。
《海上花列传》〇第一回 赵朴斋咸瓜街访舅 洪善卿聚秀堂做媒 第二回 小伙子装烟空一笑 清倌〔人〕吃酒枉相讥
《卧游集》〇雾园主人"海市" 林嗣环"口技"

《海上奇书》共出了十四期,《海上花列传》出到第二十八回。先是每月初一,十五,各出一期的;到第十期以后,改为每月初一日出一期,直到壬辰(1892)十月朔日以后才停刊。

这三种书之中,《卧游集》专收集前人纪远方风物的小品文字,我们可以不谈。《太仙漫稿》是作者用古文做的短篇小说,其中很多狂怪的见解,可以表现作者的文学天才的一方面,所以我们把他们重抄付印,附在这部《海上花》的后面,作一个附录。《海上花列传》二十八回即是此书的最初版本,甚可宝贵。每回有两幅图,技术不很好,却也可以考见当时的服饰风尚。文字上也有可以校正现行各本的地方,汪原放君已细细校过了。最可注意的是作者自己的浓圈;凡一回中的精采地方,作者自己都用浓圈标出。这些符号至少可以使我们明了作者自己最得意或最用气力的字句。我们因此可以领会作者的文学欣赏力。

但最可宝贵的是《海上奇书》保存的《海上花列传例言》。每一期的封面后幅上,印有一条例言。这些例言,我们已抄出印在这书的前面了。其中很多可以注意的。如云:

> 全书笔法自谓从《儒林外史》脱化出来,惟穿插藏闪之法则为从来说部所未有。一波未平,一波又起;或

竟接连起十余波，忽东忽西，忽南忽北；随手叙来，并无一事完全，却并无一丝挂漏；阅之觉其背面无文字处尚有许多文字，虽未明明叙出，而可以意会得之：此穿插之法也。劈空而来，使阅者茫然不解其如何缘故，急欲观后文，而后文又舍而叙他事矣；及他事叙毕，再叙明其缘故，而其缘故仍未尽明；直至全体尽露，乃知前文所叙并无半个闲字：此藏闪之法也。

这是作者自写他的技术。作者自己说全书笔法是从《儒林外史》脱化出来的。"脱化"两个字用的好，因为《海上花》的结构实在远胜于《儒林外史》，可以说是脱化，而不可说是模仿。《儒林外史》是一段一段的记载，没有一个鸟瞰的布局，所以前半说的是一班人，后半说的另是一班人，——并且我们可以说，《儒林外史》每一个大段落都可以截作一个短篇故事，自成一个片段，与前文后文没有必然的关系。所以《儒林外史》里并没有什么"穿插"与"藏闪"的笔法。《海上花》便不同了。作者大概先有一个全局在脑中，所以能从容布置，把几个小故事都摺叠在一块，东穿一段，西插一段，或藏或露，指挥自如。所以我们可以说，在结构的方面，《海上花》远胜于《儒林外史》；《儒林外史》只是一串短篇故事，没有什么组织；《海上花》也只是一串短篇故事,却有一个综合的组织。

然而许多不相干的故事——甲客与乙妓,丙客与丁妓,戊客与己妓……的故事——究竟不能有真正的,自然的组织。怎么办呢?只有用作者所谓"穿插,藏闪"之法了。这部书叫做《海上花列传》,命名之中就表示这书是一种"合传"。这个体裁起于《史记》;但在《史记》里,这个合传体已有了优劣之分。如《滑稽列传》每段之末用"其后若干年,某国有某人"一句作结合的关键,这是很不自然的牵合。如《魏其武安侯列传》全靠事实本身的连络,时分时合,便自然成一篇合传。这种地方应该给后人一种教训:凡一个故事里的人物可以合传;几个不同的故事里的人物不可以合传。窦婴、田蚡、灌夫可以合传,但淳于髡、优孟、优旃只可以"汇编"在一块,而不可以合传。《儒林外史》只是一种"儒林故事的汇编",而不能算作有自然连络的合传。《水浒传》稍好一点,因为其中的主要人物彼此都有点关系;然而有几个人——例如卢俊义——已是很勉强的了。《海上花》的人物各有各的故事,本身并没有什么关系,本不能合传,故作者不能不煞费苦心,把许多故事打通,摺叠在一块,让这几个故事同时进行,同时发展。主脑的故事是赵朴斋兄妹的历史,从赵朴斋跌交起,至赵二宝做梦止。其中插入罗子富与黄翠凤的故事,王莲生与张蕙贞、沈小红的故事,陶玉甫与李漱芳、李浣芳的故事,朱淑人与周双玉的故事,此外还有无数小故事。作者不愿学《儒林外史》那样先叙完一事,然后再叙第二事,所以他改用"穿插,藏闪"之法,"一波未平,一波又起",阅者"急欲观后文,而后文又舍而叙他事矣"。其中牵线的人物,前半是洪善卿,后半是齐韵叟。这是一种文学技术上的试验,要试试几个不相干的故事里的人物是否可以合传。所谓"穿插,藏闪"的笔法,不过是实行这种试验的一种方法。至于这个方法是否成功,这却要读者自己去评判。看惯了西洋那种格局单一的小说的人,也许要嫌这种"摺叠式"的格局有点牵强,有点不自然。反过来说,看惯了《官场现形记》和《九尾龟》那一类毫无格局的小说的人,也许能赏识《海上花》是一部很有组织的书。至少我们对于作者这样自觉地作文学技术上的试验,是应该十分表敬意的。

《例言》另一条说:

> 合传之体有三难。一曰无雷同:一书百十人,其性情言语面目行为,此与彼稍有相仿,即是雷同。一曰无矛盾:一人而前后数见,前与后稍有不符,即是矛盾。一曰无挂漏:写一人而无结局,挂漏也;叙一事而无收场,亦挂漏也。知是三者,而后可与言说部。

这三难之中，第三项并不重要，可以不论。第一第二两项即是我们现在所谓"个性的描写"。彼与此无雷同，是个性的区别；前与后无矛盾，是个人人格的一致。《海上花》的特别长处不在他的"穿插，藏闪"的笔法，而在于他的"无雷同，无矛盾"的描写个性。作者自己也很注意这一点，所以第十一期上有《例言》一条说：

> 第廿二回如黄翠凤、张蕙贞、吴雪香诸人皆是第二次描写，所载事实言语自应前后关照；至于性情脾气态度行为有一丝不合之处否？阅者反复查勘之，幸甚。

这样自觉地注意自己的技术，真可令人佩服。前人写妓女，很少能描写他们的个性区别的。十九世纪的中叶（1848）邗上蒙人的《风月梦》出世，始有稍稍描写妓女个性的书。到《海上花》出世，一个第一流的作者用他的全力来描写上海妓家的生活，自觉地描写各人的"性情，脾气，态度，行为"，这种技术方才有充分的发展。《海上花》写黄翠凤之辣，张蕙贞之庸凡，吴雪香之憨，周双玉之骄，陆秀宝之浪，李漱芳之痴情，卫霞仙之口才，赵二宝之忠厚，……都有个性的区别，可算是一大成功。这些地方，读者大概都能领会，不用我们详细举例了。

四　《海上花》是吴语文学的第一部杰作

但是《海上花》的作者的最大贡献还在他的采用苏州土话。我们在今日看惯了《九尾龟》一类的书，也许不觉得这一类吴语小说是可惊怪的了。但我们要知道，在三十多年前，用吴语作小说还是破天荒的事。《海上花》是苏州土话的文学的第一部杰作。苏白的文学起于明代；但无论为传奇中的说白，无论为弹词中的唱与白，都只居于附属的地位，不成为独立的方言文学。苏州土白的文学的正式成立，要从《海上花》算起。

我在别处（《吴歌甲集序》）曾说：

> 老实说罢，国语不过是最优胜的一种方言；今日的国语文学在多少年前都不过是方言的文学。正因为当时的人肯用方言作文学，敢用方言作文学，所以一千多年之中积下了不少的活文学，其中那最有普遍性的部分遂逐渐被公认为国语文学的基础。我们自然不应该仅仅抱着这一点历史上遗传下来的基础就自己满足了。国语的文学从方言的文学里出来，仍须要向方言的文学里去寻他的新材料，新血液，新生命。

这是从"国语文学"的方面设想。若从文学的广义着想,我们更不能不倚靠方言了。文学要能表现个性的差异;乞婆娼女人人都说司马迁、班固的古文固是可笑,而张三、李四人人都说《红楼梦》、《儒林外史》的白话也是很可笑的。古人早已见到这一层,所以鲁智深与李逵都打着不少的土话,《金瓶梅》里的重要人物更以土话见长。平话小说如《三侠五义》、《小五义》都有意夹用土话。南方文学中自晚明以来昆曲与小说中常常用苏州土话,其中很有绝精彩的描写。试举《海上花列传》中的一段作个例:

……双玉近前,与淑人并坐床沿。双玉略略欠身,两手都搭着淑人左右肩膀,教淑人把右手勾着双玉头项,把左手按着双玉心窝,脸对脸问道:"倪七月里来里一笠园,也像故歇实概样式一淘坐来浪说个闲话,耐阿记得?"(六十三回)

假如我们把双玉的话都改成官话:"我们七月里在一笠园,也像现在这样子坐在一块说的话,你记得吗?"——意思固然一毫不错,神气却减少多多了。……中国各地的方言之中,有三种方言已产生了不少的文学。第一是北京话,第二是苏州话(吴语),第三是广州话(粤语)。京话产生的文学最多,传播也最远。北京做了五百年的京城,八旗子弟的游宦与驻防,近年京调戏剧的流行：这都是京语文学传播的原因。粤语的文学以"粤讴"为中心；粤讴起于民间，而百年以来，自从招子庸以后，仿作的已不少，在韵文的方面已可算是很有成绩的了。但如今海内和海外能说广东话的人虽然不少，粤语的文学究竟离普通话太远，他的影响究竟还很少。介于京语文学与粤语文学之间的，有吴语的文学。论地域，则苏、松、常、太、杭、嘉、湖都可算是吴语区域。论历史，则已有了三百年之久。三百年来，凡学昆曲的无不受吴音的训练；近百年中，上海成为全国商业的中心，吴语也因此而占特殊的重要地位。加之江南女儿的秀美久已征服了全国的少年心；向日所谓南蛮鴃舌之音久已成了吴中女儿最系人心的软语了。故除了京语文学之外，吴语文学要算最有势力又最有希望的方言文学了。

这是我去年九月里说的话。那时我还没有见着孙玉声先生的《退醒庐笔记》，还不知道三四十年前韩子云用吴语作小说的困难情形。孙先生说：

> 余则谓此书通体皆操吴语，恐阅者不甚了了；且吴语中有音无字之字甚多，下笔时殊费研考，不如改易通

俗白话为佳。乃韩言:"曹雪芹撰《石头记》,皆操京语,我书安见不可以操吴语?"并指稿中有音无字之"𠲎,嬲"诸字,谓"虽出自臆造,然当日仓颉造字,度亦以意为之。文人游戏三昧,更何妨自我作古,得以生面别开?"

这一段记事大有历史价值。韩君认定《石头记》用京话是一大成功,故他也决计用苏州话作小说。这是有意的主张,有计划的文学革命。他在《例言》里指出造字的必要,说,若不如此,"便不合当时神理"。这真是一针见血的议论。方言的文学所以可贵,正因为方言最能表现人的神理。通俗的白话固然远胜于古文,但终不如方言的能表现说话的人的神情口气。古文里的人物是死人;通俗官话里的人物是做作不自然的活人;方言土话里的人物是自然流露的活人。

我们试引本书第二十三回里卫霞仙对姚奶奶说的一段话做一个例:

> 耐个家主公末,该应到耐府浪去寻(喨)。耐(倽)辰光交代拨倪,故歇到该搭来寻耐家主公?倪堂子里倒勿曾到耐府浪来请客人,耐倒先到倪堂子里来寻耐家主公,阿要笑话!倪开仔堂子做生意,走得进来,总是客

> 人阿管俚是人个家主公！……老实搭耐说仔罢：二少爷来里耐府浪，故末是耐家主公；到仔该搭来，就是倪个客人哉。耐有本事，耐拿家主公看牢仔；为（俉）放俚到堂子里来白相？来里该搭堂子里，耐再要想拉得去，耐去问声看，上海夷场浪阿有该号规矩？故歇覅说二少爷勿曾来，就来仔，耐阿敢骂俚一声，打俚一记！耐欺瞒耐家主公，勿关倪事；要欺瞒仔倪个客人，耐当心点！

这种轻灵痛快的口齿，无论翻成那一种方言，都不能不失掉原来的神气。这真是方言文学独有的长处。

但是方言的文学有两个大困难。第一是有许多字向来不曾写定，单有口音，没有文字。第二是懂得的人太少。

关于第一层困难，苏州话有了几百年的昆曲说白与吴语弹词做先锋，大部分的土话多少总算是有了文字上的传写。试举《金锁记》的《思饭》一出里的一段说白：

> （丑）阿呀，我个儿子，弗要说哉。啰里去借点馇得来活活命嘿好嘸？
> （付）叫我到啰里去借介？
> （丑）吓介朋友是多个耶。

（付）我张大官人介朋友是实在多勾，才不拉我顶穿哉。

（丑）阿呀，介嘿，直脚要饿杀个哉！阿呀，我个天吓！天吓！

（付）来，阿姆，弗要哭。有商量里哉。到东门外头三娘姨虱（哚）去借点儯来活搭活搭罢。

然而方言是活的语言，是常常变化的；语言变了，传写的文字也应该跟着变。即如二百年前昆曲说白里的代名词，和现在通用的代名词已不同了。故三十多年前韩子云作《海上花》时，他不能不大胆地作一番重新写定苏州话的大事业。有些音是可以借用现成的字的。有时候，他还有创造新字的必要。他在《例言》里说：

> 苏州土白弹词中所载多系俗字；但通行已久，人所共知，故仍用之。盖演义小说不必沾沾于考据也。

这是采用现成的俗字。他又说：

> 惟有有音而无字者。如说"勿要"二字，苏人每急呼之，并为一音。若仍作"勿要"二字，便不合当时神

理;又无他字可以替代。故将"勿要"二字并写一格。阅者须知"覅"字本无此字,乃合二字作一音读也。……

读者请注意:韩子云只造了一个"覅"字;而孙玉声去年出版的笔记里却说他造了"嚽","覅"等字。这是什么缘故呢?这一点可以证明两件事:(1)方言是时时变迁的。二百年前的苏州人说:

弗要说哉。那说弗曾?(《金锁记》)

三十多年前的苏州人说:

故歇覅。说二少爷勿曾来。(《海上花》二十三回)

现在的人便要说

故歇覅。说二少爷嚽来。

孙玉声看惯了近年新添的"嚽"字,遂以为这也是韩子云创造的了(《海上奇书》原本可证)。(2)这一点还可以证明这三十多年中吴语文学的进步。当韩子云造"覅"字时,他还感觉有说明的必要。近人造"奤"字时，便一直造了，连说明都用不着了。这虽是《九尾龟》一类的书的大功劳，然而韩子云的开山大魄力是我们不可忘记的。（我疑心作者以"子云"为字，后又改名"奇"，也许是表示仰慕那喜欢研究方言奇字的扬子云罢？）

关于方言文学的第二层困难——读者太少，我们也可以引证孙先生的笔记：

> 逮至两书（《海上花》与《繁华梦》）相继出版，韩书……吴语悉仍其旧，致客省人几难卒读，遂令绝好笔墨竟不获风行于时。而《繁华梦》则年必再版，所销已不知几十万册。于以慨韩君之欲以吴语著书，独树一帜，当日实为大误。盖吴语限于一隅，非若京语之到处流行，人人畅晓，故不可与《石头记》并论也。

"松江颠公"似乎不赞成此说。他说《海上奇书》的销路不好，是因为"彼时小说风气未尽开，购阅者鲜，又以出版屡屡愆期，尤不为阅者所喜"。但我们想来，孙先生的解释似乎很近于事实。《海上花》是一个开路先锋，出版在三十五年前，那时的人对于小说本不热心，对于方言土话的小说尤其不热心。那时道路交通很不便，苏州话通行的区域很有限；上海还在轿子与马车的时代，还在煤油灯的时代，商业远不如今日的繁盛；苏州妓女的势力范围还只限于江南，北方绝少南妓。所以当时传播吴语文学的工具只有昆曲一项。在那个时候，吴语的小说确然没有风行一世的可能。所以《海上花》出世之后，销路很不见好，翻印的本子绝少。我做小学生的时候，只见着一种小石印本，后来竟没有见别种本子。以后二十年中，连这种小石印本也找不着了。许多爱读小说的人竟不知有这部书。这种事实使我们不能不承认方言文学创始之难，也就使我们对于那决心以吴语著书的韩子云感觉格外的崇敬了。

然而用苏白却不是《海上花》不风行的唯一原因。《海上花》是一部文学作品，富有文学的风格与文学的艺术，不是一般读者所能赏识的。《海上繁华梦》与《九尾龟》所以能风行一时，正因为他们都只刚刚够得上"嫖界指南"的资格，而都没有文学的价值，都没有深沉的见解与深刻的描写。这些书都只是供一般读者消遣的书，读时无所用心，读过毫无余味。《海上花》便不然了。《海上花》的长处在于语言的传神，描写的细致，同每一故事的自然地发展；读时耐人仔细玩味，读过之后令人感觉深刻的印象与悠然不尽的余韵。鲁迅先生称赞《海上花》"平淡而近自然"。这是文学上很不易做到的境界。但这种"平淡而近自然"的风格是普通看小说的人所不能赏识的。《海上花》所以不能风行一世,这也是一个重要原因。

然而《海上花》的文学价值究竟免不了一部分人的欣赏。即如孙玉声先生,他虽然不赞成此书的苏州方言,却也不能不承认他是"绝好笔墨"。又如我十五六岁时就听见我的哥哥绍之对人称赞《海上花》的好处。大概《海上花》虽然不曾受多数人的欢迎,却也得着了少数读者的欣赏赞叹。当日的不能畅销,是一切开山的作品应有的牺牲;少数人的欣赏赞叹,是一部第一流的文学作品应得的胜利。但《海上花》的胜利不单是作者私人的胜利,乃是吴语文学的运动的胜利。我从前曾说:

> 有了国语的文学,方才可以有文学的国语。……有了文学的国语,方才有标准的国语。(《建设的文学革命论》)

岂但国语的文学是这样的?方言的文学也是这样的。必须先有方言的文学作品,然后可以有文学的方言。有了文学的方言,方言有了多少写定的标准,然后可以继续产生更丰富更有价值的方言文学。三百年来,昆曲与弹词都是吴语文学的预备。但三百年中还没有一个第一流文人完全用苏白作小说的。韩子云在三十多年前受了曹雪芹的《红楼梦》的暗示,不顾当时文人的谏阻,不顾造字的困难,不顾他的书的不销行,毅然下决心用苏州土话作了一部精心结构的小说。他的书的文学价值终久引起了少数文人的赏鉴与模仿;他的写定苏白的工作大大地减少了后人作苏白文学的困难。近二十年中遂有《九尾龟》一类的吴语小说相继出世。《九尾龟》一类的书的大流行便可以证明韩子云在三十多年前提倡吴语文学的运动此时已到了成熟时期了。

我们在这时候很郑重地把《海上花》重新校印出版。我们希望这部吴语文学的开山作品的重新出世能够引起一些说吴语的文人的注意,希望他们继续发展这个已经成熟的吴语文学的趋势。如果这一部方言文学的杰作还能引起别处文人创作各地方言文学的兴味,如果从今以后有各地的方言文学继续起来供给中国新文学的新材料,新血液,新生命,——那么,韩子云与他的《海上花列传》真可以说是给中国文学开一个新局面了。

十五,六,三十　在北京
(收入韩邦庆著、汪原放标点:《海上花列传》,1926年亚东图书馆初版)

海外读书杂记

我去年到欧洲，除会议及讲演之外，居然能在巴黎的国立图书馆（Bibliothèque Nationale）和伦敦的英国博物院（British Museum）读了不少的敦煌写本。我在巴黎读了五十卷子，在伦敦读了近一百卷子。我的主要目的在于发现关于禅宗史的唐代原料。在这一点上，我的成绩可算是很满意。但这些原料一时还不能整理出来，须待将来回国之后细细考证一番，才可发表。现在我且把一些零碎的材料，整理出几件来，送给留英学生会的杂志主任，也许可以引起海外留学的朋友们的注意，也许可以勾引他们也到这破纸堆里去掏摸一点好材料出来。

在我的杂件之前，我不能不略说这些古写本的历史与内容。

一　　敦煌写本的略史

敦煌的千佛洞中,有一个洞里藏有古代写本书卷,大概是一个"僧寺图书馆"。这一个洞自从北宋仁宗时(约1035)就封闭了,埋没了;年代久远,竟无人过问。直到八百多年后,约当光绪庚子年(1900),此洞偶然被一个道士发现,人间始知道这洞里藏着二万多卷写本经卷。那时交通不便,这件事竟不曾引起中国人士的注意。1907年,英国斯坦因爵士(Sir Aurel Stein)到中亚细亚去探险,路过敦煌,知道此洞的发现;斯氏不懂汉文,带去的翻译也不是学者,不知道如何选择,便拢统购买了六千多卷,捆载回去。到了第二年(1908),法国伯希和氏(M.Paul Pelliot)也到此地,他是中国学的大家,从那剩余的书卷堆里挑了约有二千多卷子,带回法国。后来中国的学者知道了此事,于是北京的学部方才命甘肃的当局把剩余的经卷尽数送到北京保存。其时偷的偷,送人情的送人情,结果还存六七千卷,现在京师图书馆里。

这一洞藏书,全数约有二万多卷,现在除去私家收藏不可稽考之外,计有三大宗:

（A）伦敦　　约6000卷

（B）巴黎　　约2500卷

（C）北京　　约7000卷

这二万卷里，除了几本最古印本（现在伦敦）之外，都是写本。有许多是有跋尾，有年代可考的。从这些有年代的卷子看来，这洞里的写本最古的有西历五世纪（406）写的，最晚的约在十世纪的末年（995—997）。这六个世纪的书卷，向来无从访求；现在忽然涌出二万卷的古书卷来，世间忽然添了二万卷的史料，这是近代中国学术史上的一件绝重要的事。

二　敦煌卷子的内容

北京的几千卷子，至今还没有完全的目录。伦敦的六千卷，已有五千多"目"编成，还有一千多"目"未成。北京大学《国学季刊》第一卷里有罗福苌先生的伦敦藏敦煌写本略目，可以参看。巴黎的二千多卷子已有目录；法文本在巴黎"国立图书馆"（Bibliothèque Nationale）；中文有罗福苌译本，载在《国学季刊》第一卷。

我们可以说，敦煌的写本的内容可分为七大类：

（甲）绝大多数为佛经写本，约占全数的百分之九十几。其中绝大部分多是常见的经典，如《般若》，《涅槃》，《法华》，《金刚》，《金光明》……之类，没有什么大用处，至多可以供校勘而已；但也可以考见中古时代何种经典最流行，这也是一种史料。其中有少数不曾收入"佛藏"的经典，并有一些"疑伪经"，是很值得研究的。日本的学者矢吹博士曾影印了不少，预备收入新编的《大正藏经》。

（乙）道教经典。中古的道教经典大多是伪造的，然而我们都不知道现行的《道藏》里那些经是宋以前的作品。敦煌所藏的写本道经可以使我们考见一些最早的道教经典是什么。其中的写本《老子》、《庄子》等，大可作校勘的材料。

（丙）宗教史料。以上两类都可算是宗教史料；但这里面最可宝贵的是一些佛经、道经之外的宗教史料。如禅宗的史料，如敦煌各寺的尼数，如僧寺的账目，如摩尼教（Manichaeism）的经卷的发现，……皆是很有价值的史料。

（丁）俗文学（平民文学）。我们向来不知道中古时代的民间文学。在敦煌的书洞里，有许多唐、五代、北宋的俗文学作品。从那些僧寺的《五更转》、《十二时》，我们可以知道"填词"的来源。从那些"季布"、"秋胡"的故事，我们可以知道小说的来源。从那些"《维摩诘》唱文"，我们可以知道弹词的来源。

（戊）古书写本。如《论语》，《左传》，《老子》，《庄子》，《孝经》等，皆偶有校勘之用。

（己）佚书。如《字宝碎金》，贾耽《劝善经》，《太公家教》，韦庄《秦妇吟》，王梵志《诗集》，等等，皆是。

（庚）其他史料。敦煌藏书中有许多零碎史料，可以补史书所不备。如沙州曹氏的历史，已经好几位学者（如罗振玉先生等）指出了。此外尚有无数公文，"社司转帖"，户口人数，账目，信札，……皆有史料之用。

三 神会的《显宗记》及语录

在禅宗的历史上，神会和尚（荷泽大师）是一个极重要的人物。六祖（慧能）死后，神会出来明目张胆地和旧派挑战，一面攻击旧派，一面建立他的新宗教，——"南宗"。那时旧派的势焰熏天，仇恨神会，把他谪贬三次。御史卢奕说他，"聚徒，疑萌不利"，初贬到弋阳，移到武当，又移到荆州。然而他奋斗的结果居然得到最后的胜利。他死后近四十年，政府居然承认他为"正宗"，下敕立神会为禅门第七祖（贞元十二年，西历796）。从此以后，南宗便成了"正统"。

这样一个重要的人物，后来研究禅宗史的人都往往忽略了他；却是两个无名的和尚（行思与怀让），依靠后辈的势力，成为禅宗的正统！这是历史上一件最不公平的事。

神会的语录与著作都散失了；世间流传的只有《景德传灯录》（卷三十）里载的一篇《显宗记》，转载在《全唐文》（卷九一六）里。我当时看《显宗记》里有这几句话：

> 自世尊灭度后,西天二十八祖共传无住之心,同说如来知见。至于达摩,届此为初,递代相承,于今不绝。

我很疑心"二十八祖"之说不应该起的这样早,所以我疑心这篇《显宗记》不是神会的著作。

我到巴黎,不上几天,便发现了一卷无名的语录,依据内容,定为神会的语录的残卷。后来我从别种敦煌卷子里得着旁证(例如《历代法宝记》),可以确定此为神会的语录。(卷子号目Pelliot 3488)

过了几天,又发现了一长卷语录,其中一处称"荷泽和尚",三次自称"会",六次自称"神会",其为神会的语录无疑。此卷甚长,的确是唐人写本,最可宝贵。(号目P.3047)

从此世间恢复了两卷《神会语录》的古本,这是我此行最得意的事!

我到了伦敦,无意之中发现了一卷破烂的写本,尾上有"顿悟无生般若讼一卷"九个字。我读下去觉得很像是一篇读过的文字;读到"如王系珠,终不妄与",我忽然大悟这是《显宗记》的"如王髻珠,终不妄与"!检出《显宗记》全文细校,始知这残卷果然是向来所谓《显宗记》的古本,前面缺去约三分之一,从"□□不有,即是真空"起,以下都完全。

此残本有可注意的两点：

第一，此卷有原题，叫做《顿悟无生般若讼一卷》。南宗本是"顿宗"，主张"顿悟"；此文中有云：

> 般若无照，能照涅槃；
> 涅槃无生，能生般若（《显宗记》"照"作"见"）

又云：

> 无生既（《显宗记》作"即"）无虚妄，法是空寂之心。
> 知空寂而了法身，〔了法身〕（原卷脱此三字，依《显宗记》补）而真解脱。

可证原题不错。"讼"当是"颂"或"说"之讹。《显宗记》当是后人立的名字，应该改用原题。

第二，上文我引了那几句可疑的话，指出"二十八祖"之说不应出现如此之早。此卷里却没有"自世尊灭度后，西天二十八祖共传无住之心，同说如来知见"二十四个字。此可见这二十四字乃是后人添进去的。这一点可以证明"二十八祖"说的晚出，又可以使我们承认这篇文字为神会之作了。

此卷与《显宗记》传本，文字上稍有异同，我已一一校出了，将来可以发表。（号目 Stein 468）

从此以后，我们不但添了两卷神会的语录，又还给《显宗记》洗刷去后人添入的字句，恢复了原本，恢复了他的信用，也可以说是替神会添了一件原料了。

四　所谓《永嘉证道歌》

《大藏经》里收有永嘉玄觉和尚的《证道歌》一篇，向来无人怀疑。

但此篇却使我们研究史料的人十分怀疑。为什么呢？旧史都说玄觉是六祖同时的人，曾参谒六祖，言下大悟，六祖留他一宿，明日下山去。故他有"一宿觉"的绰号。六祖死于先天二年（713）。《联灯会要》说玄觉也死于先天二年。《释氏通鉴》说他死于先天元年（712）。《宗统编年》说他死于开元二年（714）。无论如何，旧史都说玄觉与六祖同一年死，或先后一年死。

然而《证道歌》里已有这些话了：

建法幢，竖宗旨，
明明佛敕曹溪是。

> 第一迦叶首传灯,
>
> 二十八代西天记。
>
> 入此土,菩提达磨为初祖。
>
> 六代传衣天下闻,
>
> 后人得道何穷数?

如果《证道歌》是真的,那么,慧能(六祖)在日,不但那"六代传衣"之说已成了"天下闻"的传说,并且那时早已有"二十八代"的传说了。何以唐人作和尚碑志,直到九世纪初年,还乱说"二十三代"、"二十五代"呢?

这回我在巴黎发现一卷子,有"太平兴国五年"(980)的字样,上面抄着各种文件,其中有一件题为:

> 禅门秘要决
>
> 招觉大师一宿觉。

我抄出细读,始知为世间所谓《永嘉证道歌》的全文!后来校读一遍,其中与今本几乎没有什么出入。

我现在还不曾考出"招觉大师"是谁。但我们因此可知此文并不是玄觉所作,原题也不叫做《证道歌》,本来叫做《禅门秘要决》。

我们竟可以进一步说，所谓"永嘉禅师玄觉"者，直是一位乌有先生！本来没有这个人。那位绰号"一宿觉"的和尚，叫做"招觉"，生在"二十八祖"之说已成定论的时代，大概在晚唐、五代之时。他与六祖绝无关系，他生在六祖死后近二百年。

玄觉有《永嘉集》十篇，为一卷；旧说是唐庆州刺史魏静所集，其中并无《证道歌》。向来的人因此疑《永嘉集》是伪作的，现在看来，《证道歌》与玄觉无关；《永嘉集》不收《证道歌》，也许倒可以证明《永嘉集》是一部比较可靠的书。若《永嘉集》也是伪作，那么，玄觉更是乌有先生了（手头无《永嘉集》，无从考证）。

读禅宗书的人，应该知道禅门旧史家最喜欢捏造门徒，越添越多。六祖门下添一个玄觉，便是一例。（此卷号目P.2104）

五 《维摩诘经唱文》的作者与时代

自从敦煌写本发现之后，我们渐渐知道唐朝民间有许多白话的文学作品。蒋氏的《沙州文录》，罗氏的《敦煌零拾》，都载着一些敦煌写本的唐代民间文学。其中最可注意的是《维摩诘经》的唱文残卷。（罗氏称为"佛曲"）

《维摩经》为大乘佛典中的一部最有文学趣味的小说。鸠摩罗什的译笔又十分畅达。所以这部书渐渐成为中古时代最流行，最有势力的书。美术家用这故事作壁画；诗人文人用这故事作典故。大诗人王维，字摩诘，虽然有腰斩维摩诘的罪过，却也可见这部书的魔力。

这些残本的唱文便是用通俗的韵文，夹着散文的叙述，把维摩诘的故事逐段演唱出来。往往一百来字的经文可演成四千字的唱文。这种体裁，有说有唱，的确是后代弦索弹词的老祖宗。这部唱文，现在只存残片；北京存两长卷，伦敦存一些残卷，巴黎存若干卷。依原文一百字演成三四千字的比例，全部唱文至少须有二三百万字！这要算是世界上最伟大的"记事诗"（Epic）了！

我们看这些残卷，知道他在中国白话文学史上的重要，只苦于不能考定这种伟大作品的作者与时代。

今回我到巴黎，发现了一卷完整的《维摩诘》唱文，演的是"佛告弥勒菩萨"一长段，及"佛告光严童子"一长段。两段都完整无缺。卷尾跋云：

广政十年（西历947）八月九日，在西川静真禅院写此

第二十卷文书，恰遇抵黑书了。

又一行云：

不知如何到乡地去。

跋尾另粘上一纸，有大字跋云：

年至四十八岁，于州中应明寺开讲，极是温热。

卷首也粘有一纸，是一张问候帖子：

普贤院主比丘靖通
右　靖通　谨候
起居，陈
贺
院主大德。　谨状。

　　　　　　正月　日　普贤院主比丘靖通状。

这帖子的反面有号数云：第"十九，二十"。与跋尾"第二十卷"相合。

我们从这些跋尾里可以知道一些极重要的事实：

第一，这部唱文是一部有组织，有卷第的大著作；此卷为"第十九，二十"卷：《弥勒》一卷为第十九，《光严》一卷为第二十。依此类推，我们可以想见这部伟大的Epic的组织。

第二，这两卷作于"广政十年八月九日，在西川静真禅院"。这正是《花间集》出世的时代；蜀中太平日久，文物富丽，是我们知道的；但谁也想不到西川当日一个僧寺的客僧有这样伟大的作品。我们可以推想这些唱文的其他部分也是作于十世纪的中叶。

第三，我们不知道靖通是否这些唱文的作者。也许此帖是人家问候他的；也许是他自己写了问候院主，丢了不用的。为方便起见，我们可以暂时假定作者是靖通。

我们可以知道他大概是敦煌一带的人；先到西川，流寓在静真禅院，"不知如何到乡地去！"他在这无聊作客的时候，作了一些唱文，也许是他解愁破闷的法子。后来他回到家乡了，大概是沙州，或瓜州。他四十八岁的时候在"州中"的应明寺开讲这两卷唱文。他说："极其温热"，我们可说是"极其热闹"。他高兴的很，回到房里，粘上一纸，大笔加上一跋，特别记出这几卷客中破闷的文字现在居然极受听众的欢迎。这一点"人的风趣"不但写出作者的为人还可以使我们想像当日这种民间文学的背景。

随便写来,手实在酸了,可以交卷了。

      1927,1,10在"American Banker"船上,船在大西洋上已十天了。"不知何时到乡地去"!

附　记

关于三、四两节,我近来见解稍变,参看我的《神会和尚遗集》(亚东出版)。

评新诗集

（一）康白情的《草儿》

（上海亚东图书馆发行，1922年3月出版，价八角。）

在这几年出版的许多新诗集之中，《草儿》不能不算是一部最重要的创作了。白情在他的诗里曾有两处宣告他的创作的精神。他说：

凡经我做过的都是对的。（页二五四）

他又说：

我要做就是对的；
凡经我做过的都是对的。

随做我底对的；

　　随丢我底对的。（页二四三）

我们读他的诗，也应该用这种眼光。"随做我底对的"是自由；"随丢我底对的"是进步。白情这四年的新诗界，创造最多，影响最大；然而在他只是要做诗，并不是有意创体。我们在当日是有意谋诗体的解放，有志解放自己和别人；白情只是要"自由吐出心里的东西"；他无意于创造而创造了，无心于解放然而他解放的成绩最大。

白情受旧诗的影响不多，故中毒也不深。他的旧诗如"贰臣犹根蒂，四海未桑麻"（1916年）；如"多君相得乘龙婿，愧我诗成嚼蜡妪"（1917年），都是很不高明的。他的才性是不能受这种旧诗体的束缚的，故他在1919年1月作的《除夕》诗（页三〇一——四），便有"去，去，出门去！围炉直干么？乘兴访朴园，踏雪沿北河"的古怪组合。"干么"底下紧接两句极牵强的骈句，便是歧路的情境了。笨的人在这个歧路上仍旧努力去做他的骈句，但是白情跳上了自由的路，以后便是《草儿》（1919年2月1日）的时代了。

自《草儿》（页一）到《雪夜过泰安》（页四八），是1919年的诗。这一组里固然也有好诗，如《窗外》，《送客黄浦》，《日观峰》，《疑问》；但我们总觉得这还是一个尝试的时代。工具还不能运用自如，不免带点矜持的意味。如《暮登泰山西望》：

> 谁遮这落日？
> 莫是昆仑山底云么？
> 破哟！破哟！
> 莫斯科的晓破了，
> 莫要遮了我要看的莫斯科哟！

又如：

> 你（黄河）从昆仑山的沟里来么？
> 昆仑山里底红叶
> 想已饱带着一身秋了。

这都不很自然。至于《桑园道》中的

> 山哪，岚哪，
> 云哪，霞哪，
> 半山上的烟哪，
> 装成了美丽簇新的锦绣一片。

现在竟成了新诗的滥调了！

自《朝气》（页四九）至《别少年中国》（页二八六），共二百四十页诗，都是1920年的作品。这一年的成绩确是很可惊的。当时我在《学灯》上见着白情的《江南》，就觉得白情的诗大进步了。《江南》的长处在于颜色的表现，在于自由的实写外界的景色。我们引他的第三段：

> 柳桩上拴着两条大水牛。
> 茅屋都铺得不现草色了。
> 一个很轻巧的老姑娘，
> 端着一个撮箕，
> 蒙着一张花帕子。
> 背后十来只小鹅，
> 都张着些红嘴，
> 跟着她，叫着。
> 颜色还染得鲜艳，
> 只是雪不大了。

这种诗近来也成为风气了。但这种诗假定两个条件：第一须有敏捷而真确的观察力，第二须有聪明的选择力。没有观察力，便要闹笑话；没有选择力，只是堆砌而不美。

白情最长于这一类的诗；《草儿》里此类很多，我们不多举例了。

平心而论，这一类的写景诗，我们虽承认他的价值，也不能不指出他的流弊。这一类的诗最容易陷入"记帐式的列举"。"云哪，山哪，岚哪"，固然可厌；"东边一个什么，西边一个什么，前面一个什么"，也很可厌。南宋人的写景绝句，所以不讨人厌，全靠他们的选择力高，能挑出那最精采的印象。画家的风景画，所以比风景照片更有意味，也是因为画家曾有过一番精采的剪裁。近日许多写景诗，所以好的甚少，也是因为不懂得文学的经济，不能去取选择。

白情的《草儿》在中国文学史的最大贡献，在于他的纪游诗。中国旧诗最不适宜做纪游诗，故纪游诗好的极少。白情这部诗集里，纪游诗占去差不多十分之七八的篇幅。这是用新诗体来纪游的第一次大试验，这个试验可算是大成功了。我们选他的《日光纪游》第六首：

> 马返以上没有电车了，
> 我们只得走去。
> 好雨！好雨！
> 草鞋套在靴子上；
> 油纸背在背上；

颗颗的雨直淋在草帽上。

哈……哈……哈……哈……

好雨！好雨！

哈……哈……哈……哈……

哈……哈……哈……哈……

一路赤脚的女子笑着过来了。

油纸背在背上；

"下驮"提在左手上；

洋伞撑在右手上；

颗颗的雨直淋在绣花的红裙上。

他们看了我们越是忍不住笑了。

我们看了他们也更得了笑的材料了。

哈……哈……哈……哈……

哈……哈……哈……哈……

好雨！好雨！

过幸桥，

过深泽桥，

我们直溯大谷川底源头沿上去。

我们不溜在河里也就是本事了！

哈……哈……哈……哈……

好雨！好雨！

这种诗真是好诗。"看来毫不用心，而自具一种有以异乎人的美"：这是白情评我的诗的话，他说这是美国风。我不敢当这句评语，只好拿来还敬他这首诗，并且要他知道这不是美国风，只是诗人的理想境界。

占《草儿》八十四页的《庐山纪游》三十七首，自然是中国诗史上一件很伟大的作物了。这三十七首诗须是一气读下去，读完了再分开来看，方才可以看出他们的层次条理。这里面有行程的纪述，有景色的描写，有长篇的谈话；但全篇只是一大篇《庐山纪游》。自十六至二十三，纪五老峰的探险，写的最有精采，使我们不曾到过庐山的人心里怦怦的想去做那种有趣味的事。白情在第二首里说：

山阿里流泉打得钦里孔隆地响，
引得我要洗澡底心好动，
我就去洗澡。
石塘上三四家荷兰式的茅店，
风吹得凉悠悠地，
引得我要歇憩底心好动，

我就去歇憩。
　　･･････

　　这就是"我要做就是对的"。这是白情等一班少年人游庐山时的精神。我们祝福他们在诗国里永远保持这种精神。

　　白情的诗，在技术上，确能做到"漂亮"的境界。他自己说：

　　　　总之，新诗里音节底整理，总以读来爽口听来爽耳为标准。（页三五四）

　　这一层，初看来似是很浅近，很容易，所以竟有许多诗人"鄙漂亮而不为"！但是我们很诚恳的盼望这些诗人们肯降格来试试这个"读来爽口，听来爽耳"的最低限度的标准。

十一，八，三十
（原载1922年9月3日《读书杂志》第1期）

（二）俞平伯的《冬夜》

（上海亚东图书馆发行，1922年3月出版，价六角。）

平伯这部诗集，分成四辑。他自己说，"第一辑里的大都是些幼稚的作品；第二辑里的，作风似太烦琐而枯燥了，且不免有些晦涩之处；第三辑底前半尚存二辑的作风，后半似乎稍变化一点；四辑……有几首诗，如《打铁》，《挽歌》，《一勺水啊》，《最后的洪炉》，有平民的风格"。

平伯主张"努力创造民众化的诗"。假如我们拿这个标准来读他的诗，那就不能不说他大失败了。因为他的诗是最不能"民众化"的。我们试看他自己认为有平民风格的几首诗，差不多没有一首容易懂得的。如《打铁》篇中的

> 刀口碰在锄耙上，
> 刀口短了锄耙长。

这已不好懂了。《挽歌》第四首是，

> 山坳里有坟堆，
> 坟堆里有骨头。
> 骏骨可招千里驹；

> 枯骨头，华表巍巍没字碑，
> 招什么？招个呸！

这决不是"民众化"的诗。《一勺水啊》是一首好诗，但也不是"民众化"的诗：

> 好花开在污泥里，
> 我酌了一勺水来洗他。
> 半路上我渴极了。
> 竟把这一勺水喝了。
> ⋯⋯⋯⋯⋯
> 请原谅罢，宽恕着罢！
> 可怜我只有一勺水啊！

这首诗虽不晦涩，但究竟不是民众能了解的。

所以我们读平伯的诗，不能用他自己的标准去批评他。"民众化"三个字谈何容易！十八世纪之末，英国诗人华茨活斯（Wordsworth）主张作民众化的诗；然而他的诗始终只是"学者诗人"的诗，而不是民众的诗。同时北方民间出了一个大诗人彭思（Burns），他并不提倡民众文学，然而他的诗句风行民间，念在口里，沁在心里，至今还是不朽的民众文学。民众化的文学不是"理智化"的诗人勉强做得出的。即如平伯的《可笑》一篇（页二一七），取俗歌"高山有好水，平地有好花；家家有好女，无钱莫想他"四句，译为五十行的新诗；然而他自己也不能不承认"词句虽多至数（十）倍，而温厚蕴藉之处恐不及原作十分之一"。这不是一个明白的例证吗？

然而平伯自有他的好诗。第四辑里，如《所见》一首：

> 骡子偶然的长嘶，
> 鞭儿抽着，没声气了，
> 至于嘶叫这件事情，
> 鞭丝拂他不去的。（页二四〇）

又如《引诱》一首：

> 颠簸的车中，孩子先入睡了。
> 他小手抓着，细发拂着，
> 于是我底头频频回了！（页二三〇）

这种小诗，很有意味。可惜平伯偏不爱做小诗，偏要做那很长而又晦涩的诗！

有许多人嫌平伯的诗太晦涩了。朱佩弦先生作《冬夜》的序,颇替平伯辩护,他说,

> 平伯底诗果然艰深难解么?……作者底艰深,或竟由于读者底疏忽哩?

然而新出版的《雪朝》诗集里,平伯自己也说"《春底一回头时》稿成后,给佩弦看,他对于末节以为颇不易了解"(《雪朝》页六十一)。这可见平伯诗的艰深难解,自是事实,并不全由于读者的疏忽了。平伯自己的解释是"表现力薄弱"。这虽是作者的谦辞,然而我们却也不能不承认这话有一部分的真实。平伯最长于描写,但他偏喜欢说理;他本可以作诗,但他偏要想兼作哲学家;本是极平常的道理,他偏要进一层去说,于是越说越糊涂了。平伯说:

> 说不尽的,看的好;
> 看太仔细了,想可好?
> 花正开着,
> 不如没开去想他开的意思。(页七三)

这正是我说的"进一层去说"。这并不是缺点;但我们

知道诗的一个大原则是要能深入而浅出；感想（impression）不嫌深，而表现（expression）不嫌浅。平伯的毛病在于深入而深出，所以有时变成烦冗，有时变成艰深了。

我们可举《游皋亭山杂诗》的第四第五两首来做例。第四首题为"初次"：

孩儿们，娘儿们，
田庄上的汉儿们，
红的，黑的布衫儿，
蓝的，紫的棉绸袄儿，
瞪着眼，张着嘴，
嚷着的有，默然的也有。
…………
好冷啊，远啊，
不唱戏，不赛会，
没甚新鲜玩意儿；
猜不出城里客人们底来意。
他们笑着围拢来，
我们也笑着走拢来；
不相识的人们终于见面了。（页七七）
…………

说到这里，很够了，很明白了，然而平伯还不满足，他偏要加上八九句哲学调子的话；他想拿抽象的话来说明，来"咏叹"前面的具体景物，却不知道这早已犯了诗国的第一大禁了（看页七七）。第五首为《一笑底起源》，这题目便是哲学调子了！这首诗，若剥去了哲学调子的部分，便是一首绝妙的诗：

> 我们拿捎来的饭吃着，
> 我们拿痴痴的笑觑着。
> 吃饭有什么招笑呢？
> 但自己由不得也笑了。
> ....
> 他们中间的一个——她，
> 忍不住了，说了话了。
> "饭少罢！给你们添上一点子？"
> 回转头来声音低低的，
> "那里像我们田庄上呢！……"
> ………… （页七八——七九）

这种具体的写法，尽够了，然而平伯还不满足。他在前四句的下面，加上了九句：

> 一笑底起源，
>
> 在我们是说不出，
>
> 在他们是没有说。
>
> 既笑着，总有可笑的在，
>
> 总有使我们他们不得不笑的在。
>
> 笑便是笑罢了，
>
> 可笑便是可笑罢了，
>
> 怎样不可思议的一笑啊！

这不是画蛇添足吗？他又在"那里像我们田庄上呢"的后面，加上了十三句咏叹的哲理诗：

> 是简单吗？
>
> 是不可思议吗？
>
> 是不可思议的简单吗？
>
> …………
>
> 他们底虽不全是我们底，
>
> 也不是非我们底，……

他这样一解释，一咏叹，我们反更糊涂了。一首很好的白描的诗，夹在二十二句哲理的咏叹里，就不容易出头了！

所以我说：

> 平伯最长于描写，但他偏喜欢说理；他本可以作好诗，只因为他想兼作哲学家，所以越说越不明白，反叫他的好诗被他的哲理埋没了。

这不是讥评平伯，这是我细心读平伯的诗得来的教训。我愿国中的诗人自己要知足安分：做一个好诗人已是尽够享的幸福了；不要得陇望蜀，妄想兼差做哲学家。

十一，九，十九

（原载1922年10月1日《读书杂志》第2期）

《蕙的风》序

我的少年朋友汪静之把他的诗集《蕙的风》寄来给我看,后来他随时做的诗,也都陆续寄来。他的集子在我家里差不多住了一年之久;这一年之中,我觉得他的诗的进步着实可惊。他在一九二一,二,三,做的《雪花——棉花》,有这样的句子

　　你还以为我孩子瞎说吗?
　　你不信到门前去摸摸看,
　　那不是棉花?
　　那不是棉花是什么?
　　妈,你说这是雪花,
　　我说这是顶好的棉花,

> 比我们前天望见棉花铺子里的还好的多多。
> …………

这确是很幼稚的。但他在一年之后——一九二二,一,一八——做的《小诗》,如

> 我冒犯了人们的指谪,
> 一步一回头地瞟我意中人,
> 我怎样欣慰而胆寒呵。

这就是很成熟的好诗了。

我读静之的诗,常常有一个感想:我觉得他的诗在解放一方面比我们做过旧诗的人更彻底的多。当我们在五六年前提倡做新诗时,我们的"新诗"实在还不曾做到"解放"两个字,远不能比元人的小曲长套,近不能比金冬心的自度曲。我们虽然认清了方向,努力朝着"解放"做去,然而当日加入白话诗的尝试的人,大都是对于旧诗词用过一番工夫的人,一时不容易打破旧诗词的镣铐枷锁。故民国六、七、八年的"新诗",大部分只是一些古乐府式的白话诗,一些《击壤集》式的白话诗,一些词式和曲式的白话诗,——都不能算是真正新诗。但不久就有许多少年的"生力军"

起来了。少年的新诗人之中,康白情、俞平伯起来最早;他们受的旧诗的影响,还不算很深(白情《草儿》附的旧诗,很少好的),所以他们的解放也比较更容易。自由(无韵)诗的提倡,白情、平伯的功劳都不小。但旧诗词的鬼影仍旧时时出现在许多"半路出家"的新诗人的诗歌里。平伯的《小劫》,便是一例:

> 云皎洁,我底衣,
> 霞烂缦,他底裙裾,
> 终古去敖翔,
> 随着苍苍的大气;
> 为什么要低头呢?
> 哀哀我们底无俦侣。
> 去低头!低头看——看下方;
> 看下方啊,吾心震荡;
> 看下方啊,
> 撕碎吾身荷芰底芳香。

这诗的音调,字面,境界,全是旧式诗词的影响。直到最近一两年内,又有一班少年诗人出来;他们受的旧诗词的影响更薄弱了,故他们的解放也更彻底。静之就是这些少年诗人之中的最有希望一个。他的诗有时未免有些稚气,然而稚气究竟远胜于暮气;他的诗有时未免太露,然而太露究竟远胜于晦涩。况且稚气总是充满着一种新鲜风味,往往有我们自命"老气"的人万想不到的新鲜风味。如静之的《月夜》的末章:

> 我那次关不住了,
> 就写封爱的结晶的信给伊。
> 但我不敢寄去,
> 怕被外人看见了;
> 不过由我底左眼寄给右眼看,
> 这右眼就是代替伊了。……

这是稚气里独有的新鲜风味,我们"老"一辈的人只好望着欣羡了。我再举一个例:

> 浪儿张开他底手腕,
> 一叠一叠滚滚地拥挤着,
> 搂着砂儿怪亲密地吻着。
> 刚刚吻了一下,
> 却被风推他回去了。

他不忍去而去，

似乎怒吼起来了。

呀，他又刚愎愎地势汹汹地赶来了！

他抱着那靠近砂边的小石塔，

更亲密地用力接吻了。

他爬上那小石塔了。

雪花似的浪花碎了，——喷散着。

笑了，他快乐的大声笑了。

但是风又把他推回去了。

海浪呀，

你歇歇罢！

你已经留给伊了——

你底爱的痕迹统统留给伊了。

你如此永续地忙着，

也不觉得倦吗？（《海滨》）

这里确有稚气，然而可爱呵，稚气的新鲜风味！

至于"太露"的话，也不能一概而论，诗固有浅深，到也不全在露与不露。李商隐一派的诗，吴文英一派的

词,可谓深藏不露了,然而究竟遮不住他们的浅薄。《三百篇》里:

> 取彼谮人,
> 投畀豺虎;
> 豺虎不食,
> 投畀有北;
> 有北不受,
> 投畀有昊!

这是很露的了,然而不害其为一种深切的感情的表现。如果真有深厚的内容,就是直截流露的写出,也正不妨。古人说的"含蓄",并不是不求人解的不露,乃是能透过一层,反觉得直说直叙不能达出诗人的本意,故不能不脱略枝节,超过细目,抓住了一个要害之点,另求一个"深入而浅出"的方法。故论诗的深度,有三个阶级:浅入而浅出者为下,深入而深出者胜之,深入而浅出者为上。静之的诗,这三个境界都曾经过。如前年做的《怎敢爱伊》:

> 我本很爱伊,——
> 　十二分爱伊。

> 我心里虽爱伊,
>
> 　面上却不敢爱伊。
>
> 我倘若爱了伊,
>
> 　怎样安置伊?
>
> 他不许我爱伊,
>
> 　我怎敢爱伊?

这自然是受了我早年的诗的余毒,未免"浅入而浅出"的毛病。但同样题目,他去年另有一个写法:

> 愿你不要那般待我,
>
> 这是不得已的,
>
> 因你已被他霸占了。
>
> 我们别无什么,
>
> 只是光明磊落真诚恳挚的朋友;
>
> 但他总抱着无谓的疑团呢。
>
> 他不能了解我们,
>
> 这是怎样可憎的隔膜呀!
>
> 你给我的信——
>
> 里面还搁着你底真心——
>
> 已被他妒恨地撕破了。

…………
　　他凶残地怨责你，
　　不许你对我诉衷曲，
　　他冷酷地刻薄我，
　　我实难堪这不幸的遭际呀！
　　因你已被他霸占了，
　　这是不得已的，
　　愿你不要那般待我——
　　一定的，
　　一定不要呀！（《非心愿的要求》）

　　这就是"深入而深出"的写法了。露是很露的，但这首诗究竟可算得一首赤裸裸的情诗。过了一年，他的见解似乎更进步了，他似乎能超过那笨重的事实了，所以他今年又换了一种写法：

　　我愿把人间的心，
　　一个个都聚拢来，
　　共总熔成了一个；
　　像月亮般挂在清的天上，
　　给大家看个明明白白。

> 我愿把人间的心,
>
> 一个个都聚拢来,
>
> 用仁爱的日光洗洁了;
>
> 重新送还给人们,
>
> 使误解从此消散了。(《我愿》)

这种写法,可以算是"深入而浅出"的了。我不知别人读此诗作何感觉,但我读了此诗,觉得里面含着深刻的悲哀,觉得这种诗是"诗人之诗"了。

静之的诗,也有一些是我不爱读的。但这本集子里确然有很多的好诗。我很盼望国内读诗的人不要让脑中的成见埋没了这本小册子。成见是人人都不能免的;也许有人觉得静之的情诗有不道德的嫌疑,也许有人觉得一个青年人不应该做这种呻吟宛转的情诗,也许有人嫌他的长诗太繁了,也许有人嫌他的小诗太短了,也许有人不承认这些诗是诗。但是,我们应该承认我们的成见是最容易错误的,道德的观念是容易变迁的,诗的体裁是常常改换的,人的情感是有个性的区别的。况且我们受旧诗词影响深一点的人,带上了旧眼镜来看新诗,更容易陷入成见的错误。我自己常常承认是一个缠过脚的妇人,虽然努力放脚,恐怕终究不能恢复那"天足"的原形了。我现在看着这些彻底解放的少年诗人,就像一个缠过脚后来放脚的妇人望着那些真正天足的女孩子们跳来跳去,妒在眼里,喜在心头。他们给了我许多"烟士披里纯",我是很感谢的。四五年前,我们初做新诗的时候,我们对社会只要求一个自由尝试的权利;现在这些少年新诗人对社会要求的也只是一个自由尝试的权利。为社会的多方面的发达起见,我们对于一切文学的尝试者,美术的尝试者,生活的尝试者,都应该承认他们的尝试的自由。这个态度,叫做容忍的态度(Tolerance)。容忍上加入研究的态度,便可到了解与赏识。社会进步的大阻力是冷酷的不容忍。静之自己也曾有一个很动人的呼告:

> 被损害的莺哥大诗人,
> 将要绝气的时候,
> 对着他底朋友哭告道:
> 牺牲了我不要紧的;
> 只愿诸君以后千万要防备那暴虐者,
> 好好地奋发你们青年的花罢!(《被损害的》)

十一,六,六 胡适

(原载1922年9月24日《努力周报》第21期)

《中古文学概论》序

做文学史,和做一切历史一样,有一个大困难,就是选择可以代表时代的史料。做通史的人,于每一个时代,记载几个帝王的即位和死亡,几个权臣的兴起和倾倒,几场战争的发动和结束,便居然写出一部"史"来了。但这种历史,在我们今日的眼光里,全是枉费精神,枉费笔墨,因为他们选择的事实,并不能代表时代的变迁,并不能写出文化的进退,并不能描出人民生活的状况。例如记五代十国的时代,史家只叫我们记着那许多无谓的梁、唐、晋、汉、周,和高祖、庄宗、世宗……和荆南、吴越、南唐……等等。但我们今日若作一部"新新五代史",我们就应该知道,与其记诵五代十国的帝王世系,不如研究钱镠在浙江兴的水利或王审知入闽后种族上和文化上的影响;与其痛骂冯道的无耻,不如研究当日政府雕板的监本九经的历史;与其记载桑维翰的大话，不如研究李煜、冯延己一班人的小词；与其比较《新五代史》与《旧五代史》的文字优劣和义法宽严，不如向当时人的著作里去寻那些关于民生文化的新史料。范仲淹的文集里，无意之中，记载着五代时江南的米价，那是真重要的史料。敦煌石室里，前不多年，忽然发现韦庄详记北方饥荒的一首白话长诗，那也是真重要的史料。比起这种真正史料来，什么谨严的史传，什么痛快的论赞，都变成一个钱不值的了！

做文学史，也是如此。从前的人，把词看作"诗余"，已瞧不上眼了；小曲和杂剧更不足道了。至于"小说"，更受轻视了。近三十年中，不知不觉的起了一种反动。临桂王氏和湖州朱氏提倡翻刻宋元的词集，贵池刘氏和武进董氏翻刻了许多杂剧传奇，江阴缪氏、上虞罗氏翻印了好几种宋人的小说。市上词集和戏剧的价钱渐渐高起来了，近来更昂贵了。近人受了西洋文学的影响，对于小说，渐渐能尊重赏识了。这种风气的转移，竟给文学史家增添了无数难得的史料。词集的易得，使我们对于宋代的词的价值格外明了。戏剧的翻印，使我们对于元明的文学添许多新的见解。古小说的发现与推崇，使我们对于近八百年的平民文学渐渐有点正确的了解。我们现在知道，东坡、山谷的诗远不如他们的词能代表时代；姚燧、虞集、欧阳玄的古文远不如关汉卿、马致远的杂剧能代表时代;归有光、唐顺之的古文远不如《金瓶梅》、《西游记》能代表时代;方苞、姚鼐的古文远不如《红楼梦》、《儒林外史》能代表时代。于是我们对于文学史的见解也就不得不起一种革命了。

现在还有许多守旧的人,对于正统文学的推翻和小说戏剧的推崇,总有点怀疑。不过这是因为他们囿于成见,不肯睁开眼睛去研究文学史的事实。他们若肯平心静气地研究二千多年的文学史,定可以知道文学史上尽多这样的先例;定可以知道他们所公认的正统文学也往往是从草野田间爬上来的。《三百篇》中的《国风》,《楚辞》中的《九歌》,自然是最明显的例。但最有益的教训莫过于中古文学史。

中古文学史给我们什么教训呢?

当西汉的时候,当时所有典型的文学大概只有两种:一是周秦的散文,二是南方的赋体。(《三百篇》虽尊为"经",但四言的诗已不适用。)前者演为司马迁、班固以下的古文,后者演为司马相如、张衡等的赋。这是正统文学。但两汉时期内,民间忽然发生了不少的无主名的诗歌。后来经政府几度的采集,用作各种乐歌,这一类的诗歌遂得着"乐府歌辞"的类名。这一类平民文学之中,真有许多绝妙的文学作品。如鼓吹曲中的《战城南》,如相和歌辞中的《孤儿行》、《妇病行》、《陌上桑》等,如杂曲歌辞中的《孔雀东南飞》,都是绝好的作品，远胜于司马相如、扬雄一班人所作的那些铺张堆砌的笨赋。汉代虽然有了这种有价值的平民文学，然而当时的文人学士似乎还不曾完全了解乐府歌辞在文学上的地位。他们仍旧努力去做那堆砌艰晦的赋，而不肯做那新兴的民间诗体。故从正统文学的方面看起来，我们只见从贾谊的《鵩鸟赋》到祢衡的《鹦鹉赋》，果然也成一条不断的正统。但我们现在知道，这一条线只能代表贵族文学和庙堂文学，而不能代表那真有生命的民间文学；只能代表那因袭模仿的古典文学，而不能代表那随时代变迁的活文学。直到建安、黄初的文学时期，曹操父子出来，方才大胆地模仿提倡那自由朴茂的乐府诗体。从此以后的诗人大部经过一个模拟古乐府的时期，于是两汉平民文学的价值方才大明白于世，而《孤儿行》、《陌上桑》一类的诗歌遂从民间文学一跃而升作正统文学的一部分了。这不是一个很有益的教训吗？

再说下去。南北朝时代，中国北方完全沦陷在北部异族的统治之下，中原文化只好搬到江南来避难。这个时期内，发生了两大系的平民文学：一是北方新民族的英雄文学，如《折杨柳歌辞》，如《琅琊王歌辞》，如《木兰辞》之类；一是南方民族的儿女文学，如《子夜》、《读曲》诸歌。一方面的慷慨悲壮，一方面的宛转缠绵，都极尽平民文学的风致。然而当时的贵族文人，一面虽也学时髦，居然肯模仿汉魏乐府,一面却不知道赏识眼前的活宝贝。他们只会作"拟"某人或"拟"某题的诗,而不能采用当日民间的文学新体。所以从表面上看去,我们也只看见江淹、颜延之、沈约一班人的古典文学,或是北方苏绰等人的假古董,而不看见那真有生气又真有价值的南北平民文学。直到萧梁以后,民间新乐府的价值才渐渐逼人承认了;那种简短精采的文学新体——这是六朝民歌的特点,为汉魏民歌所无,——渐渐成为时髦的诗体了。自此以后,南北朝的民歌——乐府歌辞——遂又从民间文学一跃而成为正统文学的一部分了。这又不是一大教训吗?

所以我们做中古文学史,最要紧是把这种升沉的大步骤一一指点出来,叫人家知道一千五百年前也曾有民间文学升作正统文学的先例,也许可以给我们一点比较的材料,也许可以打破我们一点守旧仇新的顽固见解。

云南徐嘉瑞先生编的这部《中古文学概论》,很大胆地采用上文所说的见解,认定中古文学史上最重要的部分是在那时间的平民文学,所以他把平民文学的叙述放在主要的地位,而这一千年的贵族文学只占了一个很不冠冕的位子。这种大刀阔斧的手段,一定有人要认为大逆不道的。但在我个人看来,徐先生的基本观念似乎是很不错的。无论如何,他这部书总是一部开先路的书,可以使赞成的人得许多参考的材料，也可以使反对的人得一些刺激反省的材料。至于为初学的人设想，一部提纲挈领，指出大趋势和大运动的书，总胜于无数记帐式列举人名书名的文学史多多了。

  凡是开先路的书，总不免有忽略小节的毛病。徐先生这部书自然也有一些可以指摘的小疵。例如他说《霓裳羽衣舞》，费了二千多字；而写唐代的文学也只有三千字：这未免太不平均了。又如他叙述汉魏的乐府歌辞，往往每篇有详说；而那篇绝代的杰作《孔雀东南飞》，却只得着一两句话的叙述：这也未免轻重稍失当了。这一类的小疵，我们很盼望徐先生于再版时修改补正。

  十二，九，廿四 胡适序于杭州烟霞洞
 （收入徐嘉瑞著：《中古文学概论》，1924年4月亚东图书馆初版）

《吴虞文录》序

凡是到过北京的人，总忘不了北京街道上的清道夫。那望不尽头的大街上，迷漫扑人的尘土里，他们抬着一桶水，慢慢的歇下来，一勺一勺的洒到地上去，洒的又远又均匀。水洒着的地方，尘土果然不起了。但那酷烈可怕的太阳光，偏偏不肯帮忙，他只管火也似的晒在那望不尽头的大街上。那水洒过的地方，一会儿便晒干了；一会儿风吹过来或汽车走过去，那迷漫扑人的尘土又飞扬起来了！洒的尽管洒，晒的尽管晒。但那些蓝袄蓝裤露着胸脯的清道夫，并不因为太阳和他们作对就不洒水了。他们依旧一勺一勺的洒将去，洒的又远又均匀，直到日落了，天黑了，他们才抬着空桶，慢慢的走回去，心里都想道，"今天的事做完了！"

吴又陵先生是中国思想界的一个清道夫。他站在那望不尽头的长路上，眼睛里，嘴里，鼻子里，头颈里，都是那迷漫扑人的孔渣孔滓的尘土，他自己受不住了，又不忍见那无数行人在那孔渣孔滓的尘雾里撞来撞去，撞的破头折脚。因此，他发愤做一个清道夫，常常挑着一担辛辛苦苦挑来的水，一勺一勺的洒向那孔尘迷漫的大街上。他洒他的水，不但拿不着工钱，还时时被那无数吃惯孔尘的老头子们跳着脚痛骂，怪他不识货，怪他不认得这种孔渣孔滓的美味，怪他挑着水拿着勺子在大路上妨碍行人！他们常常用石头掷他，他们哭求那些吃孔尘羹饭的大人老爷们，禁止他挑水，禁止他清道。但他毫不在意，他仍旧做他清道的事。有时候，他洒的疲乏了，失望了，忽然远远的觑见那望不尽头的大路的那一头好像也有几个人在那里洒水清道，他的心里又高兴起来了，他的精神又鼓舞起来了。于是他仍旧挑了水来，一勺一勺的洒向那旋洒旋干的长街上去。

这是吴先生的精神。吴先生和我的朋友陈独秀是近年来攻击孔教最有力的两位健将。他们两人，一个在上海，一个在成都，相隔那么远，但精神上很有相同之点。独秀攻击孔丘的许多文章（多载在《新青年》第二卷）专注重"孔子之道不合现代生活"的一个主要观念。当那个时候，吴先生在四川也做了许多非孔的文章，他的主要观念也只是"孔子之道不合现代生活"的一个观念。吴先生是学过法政的人，故他的方法与独秀稍不同。吴先生自己说他的方法道：

> 不佞丙午游东京，曾有数诗，注中多非儒之说。归蜀后，常以六经，《五礼通考》，《唐律疏义》，《满清律例》，及诸史中议礼议狱之文，与老、庄、孟德斯鸠、甄克思、穆勒约翰、斯宾塞尔、远藤隆吉、久保天随诸家之著作，及欧美各国宪法，民法，刑法，比较对勘。十年以来，粗有所见。

吴先生用这个方法的结果，他的非孔文章大体都注意那些根据孔道的种种礼教，法律制度，风俗。他先证明这些礼法制度都是根据于儒家的基本教条的，然后证明这种种礼法制度都是一些吃人的礼教和一些坑陷人的法律制度。他又从思想史的方面，指出自老子以来也有许多古人不满意于这些欺人吃人的礼制，使我们知道儒教所极力拥护的礼制在千百年前早已受思想家的批评与攻击了，何况在现今这种大变而特变的社会生活之中呢？

吴先生的方法，我觉得是很不错的。我们对于一种学说或一种宗教，应该研究他在实际上发生了什么影响："他产生了什么样子的礼法制度？他所产生的礼法制度发生了什么效果？增长了或是损害了人生多少幸福？造成了什么样子的国民性？助长了进步吗？阻碍了进步吗？"这些问题都是批评一种学说或一种宗教的标准。用这种实际的效果去批评学说与宗教，是最严厉又最平允的方法。吴先生虽不曾明说他用的是这种实际主义的标准，但我想他一定很赞成我这个解释。

那些"卫道"的老先生们也知道这种实际标准的厉害，所以他们想出一个躲避的法子来。他们说："这种种实际的流弊都不是孔老先生的本旨，都是叔孙通、董仲舒、刘歆、程颢、朱熹……等人误解孔道的结果。你们骂来骂去，只骂着叔孙通、董仲舒、刘歆、程颢、朱熹一班人，却骂不着孔老先生。"于是有人说《礼运》大同说是真孔教（康有为先生）；又有人说四教，四绝，三慎，是真孔教（顾实先生）。关于这种遁辞，独秀说的最痛快：

> 足下分汉、宋儒者以及今之孔道、孔教诸会之孔教，与真正孔子之教为二，且谓孔教为后人所坏。愚今所欲问者，汉、唐以来诸儒，何以不依傍道、法、杨、墨，而人亦不以道、法、杨、墨称之？何以独与孔子为缘而复败坏之也？足下可深思其故矣。（《新青年》二卷四号）

这个道理最明显：何以那种种吃人的礼教制度都不挂别的招牌，偏爱挂孔老先生的招牌呢？正因为二千年吃人的礼教法制都挂着孔丘的招牌，故这块孔丘的招牌——无论是老店，是冒牌——不能不拿下来，搥碎，烧去！

我给各位中国少年介绍这位"四川省只手打孔家店"的老英雄——吴又陵先生！

十，六，一六

（原载1921年6月20日至21日《晨报副刊》，又载1921年6月24日上海《民国日报·觉悟》副刊）

《人权论集》序

这几篇文章讨论的是中国今日人人应该讨论的一个问题，——人权问题。前三篇讨论人权与宪法。第四篇讨论我们要的是什么人权。第五六篇讨论人权中的一个重要部分，——思想和言论的自由。第七篇讨论国民党中的反动思想，希望国民党的反省。第八篇讨论孙中山的知难行易说。这两篇只是"思想言论自由"的实例：因为我们所要建立的是批评国民党的自由和批评孙中山的自由。上帝我们尚且可以批评，何况国民党与孙中山？

第九篇与第十篇讨论政治上两个根本问题，收在这里做个附录。

周栎园《书影》里有一则很有意味的故事：

> 昔有鹦武飞集陀山。山中大火，鹦武遥见，入水濡

羽，飞而洒之。天神言："尔虽有志意，何足云也？"对曰："尝侨居是山，不忍见耳。"

今天正是大火的时候，我们骨头烧成灰终究是中国人，实在不忍袖手旁观。我们明知小小的翅膀上滴下的水点未必能救火，我们不过尽我们的一点微弱的力量，减少良心上的一点谴责而已。

十八，十二，十三

《南通张季直先生传记》序

传记是中国文学里最不发达的一门。这大概有三种原因。第一是没有崇拜伟大人物的风气,第二是多忌讳,第三是文字的障碍。

传记起于纪念伟大的英雄豪杰。故柏拉图与谢诺芳念念不忘他们那位身殉真理的先师,乃有梭格拉底的传记和对话集。故布鲁塔奇追念古昔的大英雄,乃有他的《英雄传》。在中国文学史上所有的几篇稍稍可读的传记都含有崇拜英雄的意义:如司马迁的《项羽本纪》,便是一例。唐朝的和尚崇拜那十七年求经的玄奘,故《慈恩法师传》为中古最详细的传记。南宋的理学家崇拜那死在党禁之中的道学领袖朱熹,故朱子的《年谱》成为最早的详细年谱。

但崇拜英雄的风气在中国实在最不发达。我们对于死去的伟大人物，当他刚死的时候，也许送一副挽联，也许诌一篇祭文。不久便都忘了！另有新贵人应该逢迎，另有新上司应该巴结，何必去替陈死人算烂账呢？所以无论多么伟大的人物，死后要求一篇传记碑志，只好出重价向那些专做谀墓文章的书生去购买！传记的文章不出于爱敬崇拜，而出于金钱的买卖，如何会有真切感人的作品呢？

传记的最重要条件是纪实传真，而我们中国的文人却最缺乏说老实话的习惯。对于政治有忌讳，对于时人有忌讳，对于死者本人也有忌讳。圣人作史，尚且有什么为尊者讳，为亲者讳，为贤者讳的谬例，何况后代的谀墓小儒呢！故《檀弓》记孔氏出妻，记孔子不知父墓，《论语》记孔子欲赴佛肸之召，这都还有直书事实的意味，而后人一定要想出话来替孔子洗刷。后来的碑传文章，忌讳更多，阿谀更甚，只有歌颂之辞，从无失德可记。偶有毁谤，又多出于仇敌之口，如宋儒诋诬王安石，甚至于伪作《辩奸论》，这种小人的行为，其弊等于隐恶而扬善。故几千年的传记文章，不失于谀颂，便失于诋诬，同为忌讳，同是不能纪实传信。

传记写所传的人最要能写出他的实在身分，实在神情，实在口吻，要使读者如见其人，要使读者感觉真可以尚友其人。但中国的死文字却不能担负这种传神写生的工作。我近年研究佛教史料，读了六朝唐人的无数和尚碑传，其中百分之九十八九都是满纸骈俪对偶,读了不知道说的是什么东西。直到李华、独孤及以下,始稍稍有可读的碑传。但后来的"古文"家又中了"义法"之说的遗毒,讲求字句之古,而不注重事实之真,往往宁可牺牲事实以求某句某字之似韩似欧!硬把活跳的人装进死板板的古文义法的烂套里去,于是只有烂古文,而决没有活传记了。

因为这几种原因,二千年来,几乎没有一篇可读的传记。因为没有一篇真能写生传神的传记,所以二千年中竟没有一个可以叫人爱敬崇拜感发兴起的大人物!并不是真没有可歌可泣的事业,只都被那些诔墓的死古文骈文埋没了。并不是真没有可以叫人爱敬崇拜感慨奋发的伟大人物,只都被那些烂调的文人生生地杀死了。

近代中国历史上有几个重要人物,很可以做新体传记的资料。远一点的如洪秀全,胡林翼,曾国藩,郭嵩焘,李鸿章,俞樾;近一点的如孙文,袁世凯,严复,张之洞,张謇,盛宣怀,康有为,梁启超,——这些人关系一国的生命,都应该有写生传神的大手笔来记载他们的生平,用绣花针的细密工夫来搜求考证他们的事实,用大刀阔斧的远大识见来评判他们在历史上的地位。许多大学的史学教授和学生为什么不来这里得点实地训练,做点实际的史学工夫呢?是畏难吗?是缺乏崇拜大人物的心理吗?还是缺乏史才呢?

张季直先生在近代中国史上是一个很伟大的失败的英雄，这是谁都不能否认的。他独力开辟了无数新路，做了三十年的开路先锋，养活了几百万人，造福于一方，而影响及于全国。终于因为他开辟的路子太多，担负的事业过于伟大，他不能不抱着许多未完的志愿而死。这样的一个人是值得一部以至于许多部详细传记的。

他的儿子孝若先生近年发誓用全副精力做季直先生的传记。他已费了几年工夫编辑季直先生的全部著作，自己亲手整理点读。这部全集便是绝大的史料。还有季直的朋友的书信，保存在南通的，也有近万封之多，这也是重要史料。季直先生自己又编有年谱，到七十岁为止，此外还有日记，这都是绝可宝贵的材料。有了这些材料做底子，孝若做先传的工作便有了稳固的基础和坚实的间架了。

孝若做先传还有几桩很重要的资格。第一，他一生最爱敬崇拜他的先人，所以他的工作便成了爱的工作，便成了宗教的工作。第二，他生在这个新史学萌芽的时代，受了近代学者的影响，知道爱真理，知道做家传便是供国史的材料，知道爱先人莫过于说真话，而为先人忌讳便是玷辱先人，所以他曾对我说，他做先传要努力做到纪实传真的境界。第三，他这回决定用白话做先传，决定打破一切古文家的碑传义法，决定采用王懋竑《朱子年谱》和我的《章实斋年谱》

的方法，充分引用季直先生的著作文牍来做传记的材料，总期于充分表现出他的伟大的父亲的人格和志愿。

有了这几种资格，我们可以相信孝若这篇先传一定可以开儿子做家传的新纪元，可以使我们爱敬季直先生的人添不少的了解和崇敬。

十八，十二，十四夜
（原载1930年1月《吴淞月刊》第4期）

介绍几部新出的史学书

近来杂志上的"书评",似乎偏向指摘谬误的方面,很少从积极方面介绍新书的。今日(七月二十四)火车在贝加尔湖边上行,一边是轻蓝色镜平的湖光,一边是巉巉的岩石;这是我离开中国境的第三日了,怀念国中几个治历史的朋友,所以写这篇短文,介绍他们的几部新书。

第一部是陈垣(援庵)先生的《二十史朔闰表》,附西历回历,北京大学研究所国学门出版,价四圆。

这是一部"工具"类的书,治史学的人均不可不备一册。陈先生近年治中国宗教史,方法最精密,搜记最勤苦,所以成绩很大。他的旧作一赐乐业教考,也里可温考,摩尼教入中国考,火祆教入中国考,都已成了史学者公认的名著。他在这种工作上感觉中西回三种历有合拢作一个比较长历的必要，所以他发愤作成一部二十卷的中西回史日历（不久也可出版）。他在做那部大著作之先，曾先考定中国史上二千年的朔闰，遂成这一部二十史朔闰表。便可以推定日历；故此书实在是一部最简便的中史二千年日历。

此表起于汉高祖元年（罗马548年，西历前206年），每月有朔日的甲子，故推下月朔日的甲子，便知本月的大小；闰年则增闰某月，也记其朔日的甲子。

汉平帝元年以后，加上每月朔与西历相当之月日。如晋惠帝永平元年（西291）下：

正	二
乙酉 二16	甲寅 三17

我们便知是年正月初一等于西历291年的2月16，二月初一等于三月十七。

唐高祖武德五年（西622）以后，添注回历的岁首等于中历某月某日。回历系纯太阳历，月法有一定，单月皆三十日，双月皆二十九日，无有闰月，逢闰年则十二月添一日，故平年为三百五十四日，闰年为三百五十五日。其计算最容易，故但注岁首便够了。闰年则旁加黑点。

故此书不但是中史二千年日历，实在是一部最简明最方便的"中西回三史合历"。

西历与回历皆有礼拜日，因有置闰或失闰的历史的原因，推算须有变化。此书附有七个"日曜表"，按表检查，便知某日是星期几。

此书在史学上的用处，凡做过精密的考证的人皆能明瞭，无须我们一一指出。为普通的读者起见，我们引陈先生自己举的几个例：

（1）例如陆九渊之卒在宋绍熙三年，据普通年表为西历之1192年，然九渊之卒在十二月十四日，以西历纪之，当为1193年1月18日。……苟欲实事求是，非有精密之中西长历为工具不可。

（2）西历如此，回历尤甚。……回历则以不置闰月之故，岁首无定，积百年即与中西历差三年。……洪武甲子（西1384）为回历786年。明史历志由洪武甲子上推七八六年，误以中历计算，遂谓回历起于隋开皇己未（西历599）！不知以回历计算，实起于唐武德五年壬午（西622）六月三日也。盖积七百八十六年，回历与中西历已生二十三年之差异。不有中回长历，何以释明史之误耶？

我们应该感谢陈先生这一番苦工夫,作出这种精密的工具来供治史学者之用。我们并且预先欢迎他那二十卷中西回史日历出世。这种勤苦的工作,不但给杜预、刘义叟、钱侗、汪曰桢诸人的"长术"研究作一个总结,并且可以给世界治史学的人作一种极有用的工具。

顾颉刚先生的《古史辨》第一册,北京景山东街朴社出版,平装本价乙圆八角,精装本二圆四角。

这是中国史学界的一部革命的书,又是一部讨论史学方法的书。此书可以解放人的思想,可以指示做学问的途径,可以提倡那"深彻猛烈的真实"的精神。治历史的人,想整理国故的人,想真实地做学问的人,都应该读这部有趣味的书。

这一册的本身分为三篇:上篇是顾先生与钱玄同先生和我往来讨论的信札;中篇是民国十二年读书杂志上发表的讨论古史的文字;下篇是《读书杂志》停刊以后的论文与通信。三篇共有六十四篇长短不齐的文字,长的有几万字的,最短的不满五十个字。

为普通读者的便利计,我劝他们先读下列的几篇:

（1）自述整理中国历史意见书（页34—37）

（2）与钱玄同先生论古史书（页59—66）

(3) 答刘胡两先生书（页96—102）

(4) 研究国学应该首先知道的事（页102—105）

(5) 古历讨论的读后感（页189—198）

读了这几篇，可以得着这书的根本出发点和根本方法，然后从容去看全书的其他部分，便更觉得有趣味，更容易了解了。

但无论是谁，都不可不读顾先生的自序。这篇六万多字的自序，是作者的自传，是中国文学史上从来不曾有的自传。他在这篇自传篇里，很坦白地叙述他个人的身世，遭际的困难，师友的影响，兴趣的变迁，思想的演进，工作的计划。我的朋友Himmel先生读了这篇自序，写信给作者，说此篇应该译为英文，因为这虽是一个人三十年中的历史，却又是中国近三十年中思潮变迁的最好的记载。我很赞同这个意思。顾先生少年时曾入社会党；进北大豫科时曾做几年的"戏迷"；曾做古文家的信徒，又变为今文家；他因为精神上的不安宁，想求一个根本的解决，所以进了哲学系；在哲学系里毕业之后，才逐渐地回到史学的路上去。他是一个真正好学的人，读书"像瞎猫拖死鸡"一样，所以三十年国内的学术思想的变迁都一一地在他身上留下了深刻的印痕。他又是一个"性情太喜欢完备"的人，凡事都要"打碎乌盆问到底"，所以他无论什么事都不肯浅尝，不肯苟且，所以他的"兴之所之"都能有高深的成绩。他的搜集吴歌，研究孟姜女，讨论古史，都表现他的情性的这两方面：一方面是虚心好学，一方面是刻意求精。

承顾先生的好意，把我的一封四十八个字的短信作为他的古史辨的第一篇。我这四十八个字居然能引出这三十万字的一部大书，居然把顾先生逼上了古史的终身事业的大路上去，这是我当日梦想不到的事。然而这样"一本万利"的收获，也只有顾先生这样勤苦的农夫做得到。当民国九年十一月我请他点读古今伪书考的时候，我不过因为他的经济困难，想他可以借此得点钱。他答应我"至慢也不过二十天"（页六）。但他不肯因为经济上的困难而做一点点苟且潦草的事。他一定要"想对于他征引的书，都去注明卷帙，版本；对于他征引的人都去注明生卒，地域"（页14）。因为这个原故，他天天和宋，元，明，三代的"辨伪"学者相接触，于是我们有"辨伪丛刊"的计划。先是辨"伪书"，后转到辨"伪事"。颉刚从此走上了辨"伪史"的路。

到民国十年一月，我们才得读崔述的《考信录》。我们那时便决定，颉刚的"伪史考"即可继《考信录》而起（页22）。崔述推翻了"传记"，回到几部他认为可信的"经"。我们决定连"经"都应该"考而后信"。颉刚早以超过辨伪丛刊的计划了。他自己想做三种书，

（1）伪史源，

（2）伪史例，

（3）伪史对鞫（看页36）。

这三种之中，他的"伪史源"的见解于他这五年史学研究有最大的影响。他说：

> 所谓"源"者，其始不过一人倡之，……不幸十人和之，展转应用，不知其所自始，甚至愈放愈胖，说来更像，遂至信为真史。现在要考那一个人是第一个说的，那许多人是学舌的，看他渐渐的递变之迹。

这是这部"古史辨"的基本方法。他用这个方法，下了两年的苦功，然后发表他的"层累地造成的中国古史"。

"层累地造成的中国古史"有三个涵义：

（1）可以说明为什么时代愈后，传说的古史期愈长。

（2）可以说明为什么时代愈后，传说中的中心人物愈放愈大。

（3）我们在这上，即使不能知道某一件事的真确的状况，至少可以知道那件事在传说中最早的状况。

他应用这个方法，得着一些结论：

（1）春秋以前的人对于古代还没有悠久的推测。

（2）后来方才有一个禹。禹先是一个神，逐渐变为人王。

（3）更后来，才有尧舜。

（4）尧舜的翁婿关系，舜禹的君臣关系，都是更后来才造成的。

（5）从战国到西汉，尧舜之前又添上了许多古帝王。先添一个黄帝，又添一个神农，又添一个庖牺……一直添到盘古！

这些结论，在我们看来，都是很可以成立的。但几千年传统的思想的权威却使一般保守的学者出来反对。南京出来位刘掞藜先生；连我的家乡，万山之中的乡村，也出来一位胡堇人先生。这些人的驳诘却使颉刚格外勤慎地去寻求新证据来坚固他的壁垒。结果便是此书中篇的讨论与下篇的一部分。

这些讨论至今未完。但我们可以说，颉刚的"层累地造成的中国古史"一个中心学说已替中国史学界开了一个新纪元了。中国的古史是逐渐地，层累地，堆砌起来的，——"譬如积薪，后来居上"——这是决无可讳的事实。崔述在十八世纪的晚年，用了"考而后信"的一把大斧头，一劈就削去了几百万年的上古史（他的补上古考信录是很可佩服的）。但崔述还留下了不少的古帝王；凡是"经"里有名的，他都不敢推翻。颉刚现在拿了一把更大的斧头，胆子更大了，一劈直劈到禹，把禹以前的古帝王（连尧带舜）都送上封神台上去！连禹和后稷都不免发生问题了。故在中国古史学上，崔述是第一次革命，顾颉刚是第二次革命，这是不须辩护的事实。

颉刚近年正在继续做辨证古史的工作，他已有了近百万言的稿本了。他的《古史辨》第二册已约略编成，第三册以下也有了底子。他将来在史学界的贡献是不可限量的。他自己说：

> 我在辨证伪古史上，有很清楚的自觉心，有极坚强的自信力，我的眼底有许多可走的道路，我的心中常悬着许多待解的问题；我深信这一方面如能容我发展，我自能餍人之心而不但胜人之口。（《自序》页66）

他的结论也许不能完全没有错误；他举的例也许有错的（例如他说"社祀起于西周"，这句话的错误，他自己在自序里已更正了。又如他自序，页71，说"阎罗"与尼罗的声音相合；这是大错的。阎罗本为阎摩罗梵文为Yama-raja，raja为王，言是Yama天之王。此为印度古吠陀时代的一个天神，本在极乐天上，后来逐渐演变，从慈祥变为惨酷，从最高天掉到地狱里。这与埃及的尼罗河绝无关系）。但他的基本方法是不能推翻的。他的做学问的基本精神是永远不能埋没的。他在本书的首页引罗丹（Rodin）的话道：

> 要深彻猛烈的真实。你自己想得到的话，永远不要踌躇着不说，即使你觉得违抗了世人公认的思想的时候。起初别人也许不能了解你，但是你的孤寂决不会长久。你的同志不久就会前来找你，因为一个人的真理就是大家的真理。

读颉刚这部书的，不可不领会这种"深彻猛烈的真实"的精神。

陈衡哲女士的《西洋史》下册，商务印书馆出版，价一圆一角。

近年以来，研究中国史的学者颇有逐渐上了科学方法的路的趋势；但研究西洋史的中学者却没有什么贡献。这大概是因为中国学者觉得这条路上不容易有什么创作的机会，所以不能感觉多大的兴趣，所以不曾有多么重要的作品。

依我看来，其实不然。研究西洋史正可以训练我们的治史方法，正可以增加我们治东洋史的见识。著述西洋史，初看来似乎不见得有创作的贡献，其实大可以有充分创作的机会。

史学有两方面：一方面是科学的，重在史料的搜集与整理；一方面是艺术的，重在史实的叙述与解释。我们治西洋史，在科学的方面也许不容易有什么重大的贡献。但我们以东方人的眼光来治西洋史，脱离了西洋史家不自觉的成见，减少了宗教上与思想上的传统观念的权威，在叙述与解释的方面我们正多驰骋的余地。试看今日最通行的西洋通史只是西洋人眼光给西洋人做的通史；宗教史只是基督教某派的信徒做的西洋宗教史；哲学史只是某一学派的哲学家做的西洋哲学史。我们若能秉着公心，重新演述西洋的史实，这里面的创作的机会正多呢。

陈衡哲女士的《西洋史》是一部带有创作的野心的著作。在史料的方面他不能不倚赖西洋史家的供给。但在叙述与解释的方面，她确然做了一番精心结构的工夫。这部书可以说是中国治西史的学者给中国读者精心著述的第一部《西洋史》。在这一方面说，此书也是一部开山的作品。

可惜我匆匆出门，不曾带得此书的上册。单就下册说，陈女士把六百年的近世史并作十个大题目；每一题目，她都能注重史实的前因后果，使读者在纷繁的事实里面忘不了一个大运动或大趋势的线索。有时候她自己还造作许多图表，帮助文字的叙述。

在这十章之中，有几章格外见精彩。"宗教革命"的两章,"法国革命"的一章,要算全书中最有精彩的。陈女士本是喜欢文艺的,所以她作历史叙述的文字也很有文学的意味。叙述夹议论的文字,在白话文里还不多见。陈女士在这一方面的努力很可以给我们开一个新方向。我们试举第三章的两段作个例:

> 总而言之,亘中古之世,宗教不啻是欧洲人生唯一元素。他如天罗地网一样,任你高飞深蹈,出生入死,终休想逃出他的范围来。但这个张网特权,也自有他的代价。教会的所以能获到如此大权,实是由于中古初年时,他能保护人民,维持秩序,和继续燃烧那将息未息的一星古文化。换句话说,教会的大权乃是他的功绩换来的;但此时他却忘了他的责任,但知暖衣美食,去享他的快乐幸福。这已在无形中取消了他那张网的权利了。而适在这个时候,从前因蛮族入寇而消灭的几个权府,却又重兴起来,向教皇索取那久假不归的种种权势。于是新兴的列国国君,便向他要回法庭独立权,要回敕封主教权,要回国家在教会产业上的收税权;人民也举手来,向他要回思想自由权,读书自由权,判断善恶的自由权,生的权和死的权;一般困苦的农民,更是额皮流血的叩求教会,去减少他们的担负。可怜那个气

焰熏天,不可一世的教会,此时竟是四面受敌了。

但这又何足奇呢,教会的实力,本只是一个基督教义。他如小小的一颗明珠,本来是应该让他自由发光的。可恨此时他已是不但重锦袭裹,被他的收藏家埋藏起来,并且那个收藏家,又是匣外加匣,造巨屋,筑围城的去把他看守着,致使一般人士不见明珠的光华,但见一个围城重重,厚壁坚墙的巨堡;堡外所见的是守卒卫兵的横行肆虐。所以宗教革命的意义,不啻便是这个拆城毁壁的事业。国王欲取回本来属于他们的城砖屋瓦,人民要挥走那般如狼如虎的守卒,信徒又要看一看那光华久藏的明珠。于是一声高呼,群众立集,虽各怀各的目的,但他们的摩拳擦掌,却是一致的。他们的共同目的,乃是在拆毁这个巨堡。因此之故,宗教革命的范围便如是其广大,位置便如是其重要,影响便如是其深远了。(页88—89)

这样综合的,有断制的叙述,可以见作者的见解与天才。历史要这样做,方才有趣味,方才有精彩。西洋史要这样做方才不算是仅仅抄书,方才可以在记述与判断的方面自己有所贡献。

叙述西洋史近世史,最容易挑动民族的感情。陈女士是倾向国际主义与世界和平的人,所以她能充分赏识国家主义的贡献,同时又能平心静气地指出国际和平是人类自救的唯一道路。

用十万字记述六百年的西洋近世史,本是不容易的事。陈女士的书自然不能完全避免些些的错误。例如第一章第四节中,前面(页36)已说加立里(Galileo)发明了望远镜,于是哥白尼(Copernicus)的学说"乃得靠了科学的方法而益证实";下文(页37)却又说"科学方法却仍不曾改良:他们所用的仍是亚里斯多德的演绎方法。……直到勿兰息斯培根(Francis Bacon)时。科学方法才得到了一个大革命"。这是错的。科学方法的改善是科学家逐渐做到的,与培根无关;没有一个科学家是跟培根学方法的。页291说哈阜(Harvey)发明血液循环之理在十八世纪,也是错的。可惜我行箧中没有参考书,不能为此书细细校勘了。

此书是一部很用气力的著述。他的长处在用公平的眼光,用自己的语言,重新叙述西洋的史实。作者的努力至少可以使我们知道西洋史的研究里尽可以容我们充分运用历史的想像力与文学的天才来做创作的贡献。

十五,七,二十七车到Tiumen时脱稿

(原载1926年9月4日、11日《现代评论》第4卷第91、92两期)

读梁漱冥先生的《东西文化及其哲学》

> 我是自己有一套思想,再来看孔家诸经的;看了孔经,先有自己意见,再来视宋、明人书的;始终拿自己思想作主。(本书页二七九)

我们读梁漱冥先生的这部书,自始至终,都该牢牢记得这几句话。并且应该认得梁先生是怎样的一个人:他自己说:

> 我这个人本来很笨,很呆,对于事情总爱靠实,总好认真。……我自从会用心思的年龄起,就爱寻求一条准道理,最怕听"无可无不可"的话,所以对于事事都自己有一点主见,而自己的生活行事都牢牢的把定着一条线去走。(本书自叙)

我们要认清梁先生是一个爱寻求一条"准道理"的人，是一个"始终拿自己思想作主"的人。懂得这两层，然后可以放胆读他这部书，然后可以希望领会他这书里那"真知灼见"的部分，和那蔽于主观成见或武断太过的部分。

一

梁先生第一章绪论里，提出三个意思。第一，他说此时东方化与西方化已到了根本上的接触，形势很逼迫了，有人还说这问题不很迫切，那是全然不对的（页四至十一）。第二，那些人随便主张东西文化的调和融通，那种"糊涂，疲缓，不真切的态度，全然不对。"（页十二至十八）第三，大家怕这个问题无法研究，也是不对的。"如果对于此问题觉得是迫切，当真要求解决，自然自己会要寻出一条路来。"（页十八至二十）

这三层意思是梁先生著书的动机，所以我们应该先看看这三层的论点如何。

梁先生是"始终拿自己思想作主"，故我们先讨论那关于他自己思想的第三点。他说，"我的生活与思想见解是成一整个的。思想见解到那里，就做到那里。"又说，"旁人对于这个问题自己没有主见，并不要紧，而我对于此问题，假使没有解决，我就不晓得我作何种生活才好！"（页十九）这种知行合一的精神，自然是我们应该敬仰佩服的。然而也正因为梁先生自己感觉这个问题如此迫切，所以他才有第一层意思，认定这个问题在中国今日果然是十分迫切的了。他觉得现在东方化受西方化逼迫得紧的形势之下，应付的方法不外三条路：

（一）倘然东方化与西方化果真不并立而又无可通，到今日要绝其根株，那么，我们须要自觉的如何彻底的改革，赶快应付上去，不要与东方化同归于尽。

（二）倘然东方化受西方化的压迫不足虑，东方化确要翻身的，那么，与今日之局面如何求其通，亦须有真实的解决，积极的做去，不要作梦发呆，卒致倾覆。

（三）倘然东方化与西方化果有调和融通之道，那也一定不是现在这种"参用西法"可以算数的，须要赶快有个清楚明白的解决，好打开一条活路，决不能存疲缓的态度。（页十）

梁先生虽指出这三条路，然而他自己只认前两条路；他很严厉的骂那些主张调和融通的人，说"不知其何所见而云然！"所以我们此时且不谈那第三条路。

对于那前两条路,梁先生自己另有一种很奇异的见解。他把东西文化的问题写成下列的方式:

东方化还是要连根的拔去,还是可以翻身呢?

接着就是他自己的奇异解释:

此处所谓"翻身",不仅说中国人仍旧使用东方化而已;大约假使东方化可以翻身,亦是同西方化一样,成一种世界的文化——现在西方化所谓科学和德谟克拉西的色彩,是无论世界上那一地方人皆不能自外的。

所以此刻问题,直截了当的,就是

东方化可否翻身成为一种世界文化?

如果不能成为世界文化,则根本不能存在。若仍可以存在,当然不能仅只使用于中国,而须成为世界文化。

(页十二)

这是梁先生的书里的最主要问题,读者自然应该先把这问题想一想,方才可以读下去。

我们觉得梁先生这一段话似乎不免犯了拢统的毛病。第一，东西文化的问题是一个很复杂的问题，决不是"连根拔去"和"翻身变成世界文化"两条路所能完全包括。至于"此刻"的问题，更只有研究双方文化的具体特点的问题，和用历史的精神与方法寻求双方文化接触的时代如何选择去取的问题，而不是东方化能否翻身为世界文化的问题。避去了具体的选择去取，而讨论那将来的翻身不翻身，便是拢统。第二，梁先生的翻身论是根据在一个很拢统的大前提之上的。他的大前提是：

> 凡一种文化，若不能成为世界文化，则根本不能存在；若仍可存在，当然不能限于一国，而须成为世界文化。

这种逻辑是很可惊异的。世界是一个很大的东西，文化是一种很复杂的东西。依梁先生自己的分析（页十三），一种文化不过是一个民族生活的种种方面。他总括为三方面：精神生活，社会生活，物质生活。这样多方面的文化，在这个大而复杂的世界上，不能没有时间上和空间上的个性的区别。在一个国里，尚且有南北之分，古今之异，何况偌大的世界？若否认了这种种时间和空间的区别，那么，我们也可以说无论何种劣下的文化都可成为世界文化。我们也许可以劝全世界人都点"极黑暗的油灯",都用"很笨拙的骡车",都奉喇嘛教,都行君主独裁政治;甚至于鸦片,细腰,穿鼻,缠足,如果走运行时,何尝都没有世界化的资格呢?故就一种生活或制度的抽象的可能性上看来,几乎没有一件不能成为世界化的。再从反面去看,若明白了民族生活的时间和空间的区别,那么,一种文化不必须成为世界文化,而自有他存在的余地。米饭不必成为世界化,而我们正不妨吃米饭;筷子不必成为世界化,而我们正不妨用筷子;中国话不必成为世界语,而我们正不妨说中国话。

所以我们在这里要指出梁先生的出发点就犯了拢统的毛病,拢统的断定一种文化若不能成为世界文化,便根本不配存在;拢统的断定一种文化若能存在,必须翻身成为世界文化。他自己承认是"牢牢的把定一条线去走"的人,他就不知不觉的推想世界文化也是"把定一条线去走"的了。从那个拢统的出发点,自然生出一种很拢统的"文化哲学"。他自己推算这个世界走的"一条线"上,现在是西洋化的时代,下去便是中国化复兴成为世界文化的时代,再下去便是印度化复兴成为世界文化的时代(页二五九以下)。这样"整齐好玩"的一条线,有什么根据呢?原来完全用不着根据,只须梁先生自己的思想,就够了。梁先生说:

> 我并非有意把他们弄得这般整齐好玩,无奈人类生活中的问题实有这三层次,其文化的路径就有这么三转折,而古人又恰好把这三路都已分别走过,所以事实上没法要他不重走一遭。吾自有见而为此说,今人或未必见谅,然吾亦岂求谅于今人者?(页二六一——二)

是的。这三条路,古人曾分别走过;现在世界要走上一条线了,既不能分别并存,只好轮班挨次重现一次了。这种全凭主观的文化轮回说,是无法驳难的,因为梁先生说"吾自有见而为此说。吾亦岂求谅于今人者!"

凡过信主观的见解的,大概没有不武断的。他既自有见而为此说,又自己声明不求谅于今人,我们还有什么话可说呢?他这种勇于自信而倾于武断的态度,在书中屡次出现。最明显的是在他引我论淑世主义的话之后,他说:

> 这条路(淑世主义)也就快完了。……在未来世界,完全是乐天派的天下,淑世主义过去不提。这情势具在。你已不必辩,辩也无益。(页二五二)

我也明知"辩也无益",所以我沉默了两年,至今日开口,也不想为无益之辩论,只希望能指出梁先生的文化哲学是根据于一个很拢统的出发点的,而这种拢统的论调只是梁先生的"牢牢的把定一条线去走"。"爱寻求一条准道理"的人格的表现,用一条线的眼光来看世界文化,故世界文化也只走一条线了。自己寻得的道理,便认为"准道理",故说"吾自有见而为此说","你不必辩,辩也无益"。

不明白这一层道理的,不配读梁先生的书。

二

上文只取了梁先生的绪论和结论的一部分来说明这种主观化的文化哲学。现在我们要研究他的东西文化观的本身了。

梁先生先批评金子马治,北聆吉论东西文化的话,次引陈独秀拥护德谟克拉西和赛恩斯两位先生的话,认为很对很好。梁先生虽然承认"西方文化即赛恩斯和德谟克拉西两精神的文化",但梁先生自己是走"一条线"的人,总觉得"我们说话时候非双举两种不可,很像没考究到家的样子"。所以他还要做一番搭题的工夫,要把德赛两先生并到一条线上去,才算"考究到家"了。这两位先生若从历史上研究起来,本来是一条路上的人。然而梁先生并不讲历史,他仍用他自己的思想作主,先断定"文化"只是一个民族的

生活样子,而"生活"就是"意欲";他有了这两个绝大的断定,于是得着西方文化的答案:

> 如何是西方化?西方化是以意欲向前要求为其根本精神的。(页三一)

我们在这里,且先把他对于中国、印度的文化的答案,也抄下来,好作比较:

> 中国文化是以意欲自为调和持中为其根本精神的。(页七一)
> 印度文化是以意欲反身向后要求为其根本精神的。(页七二)

梁先生自己说他观察文化的方法道:

> 我这个人未尝学问,种种都是妄谈,都不免"强不知以为知",心里所有只是一点佛家的意思,我只是本着一点佛家的意思裁量一切,这观察文化的方法也别无所本,完全是出于佛家思想。(页六一——二)

我们总括他的说法，淘汰了佛书的术语，大旨如下：

> 所谓生活，就是现在的我（即是现在的意欲）对于前此的我（即是那殆成定局的宇宙）之奋斗，……前此的我为我当前的"碍"。……当前为碍的东西是我的一个难题；所谓奋斗，就是应付困难，解决问题。（页六四——五）

这点总纲，似乎很平易，然而从这里发出三个生活的样法：

（一）向前面要求，就是奋斗的态度，这是生活本来的路向。

（二）对于自己的意思变换，调和，持中；回想的随遇而安。

（三）转身向后去要求，想根本取消当前的问题或要求。（页六九——七〇）

依梁先生的观察，这三条路代表三大系的文化：

（一）西方文化走的是第一条路，

（二）中国文化走的是第二条路，

（三）印度文化走的是第三条路。(页七二)

以上所引，都是本书第二第三两章中的。但梁先生在第四章比较东西哲学的结果，又得一个关于三系文化的奇妙结论。他说：(页二六)

（一）西洋生活是直觉运用理智的。
（二）中国生活是理智运用直觉的。
（三）印度生活是理智运用现量的。

"现量"就是感觉（Sensation），理智就是"比量"，而直觉乃是比量与现量之间的一种"非量"，就是"附于感觉——心王——之受，想，二心所"。(页九三)

以上我们略述梁先生的文化观察。我们在这里要指出梁先生的文化观察也犯了拢统的大病。我们也知道有些读者一定要代梁先生抱不平，说："梁先生分析的那样仔细，辨别的那样精微，而你们还要说他拢统，岂非大冤枉吗？"是的，我们正因为他用那种仔细的分析和精微的辨别，所以说他"拢统"。文化的分子繁多，文化的原因也极复杂，而梁先生要想把每一大系的文化各包括在一个简单的公式里，这便是拢统之至。公式越整齐，越简单，他的拢统性也越大。

我们试先看梁先生的第一串三个公式：

（一）西方化的根本精神是意欲向前要求。
（二）中国化的根本精神是意欲自为调和持中。
（三）印度化的根本精神是意欲反身向后要求。

这岂不简单？岂不整齐？然而事实上全不是那么一回事。西方化与印度化，表面上诚然很像一个向前要求，一个向后要求；然而我们平心观察印度的宗教，何尝不是极端的向前要求？梁先生曾提及印度人的"自饿不食，投入寒渊，赴火炙灼，赤身裸露，学着牛狗，龁草吃粪，在道上等车来轧死，上山去找老虎。"我们试想这种人为的是什么？是向后吗？还是极端的奔赴向前，寻求那最高的满足？我们试举一个例：

> 释宝崖于益州城西路首，以布裹左右五指，烧之。……并烧二手。于是积柴于楼上，作干麻小室，以油润之。自以臂挟炬。麻燥油浓，赫然火合。于炽盛之中礼拜。比第二拜，身面焦坼，重复一拜，身踣炭上。（胡寅《崇正辨》二，二三）

试想这种人，在火焰之中礼拜，在身面焦坏之时还要礼拜，这种人是不是意欲极端的向前要求？梁先生自己有时也如此说：

> 大家都以为印度人没法生活才来出世，像詹姆士所说，印度人胆小不敢奋斗以求生活，实在闭眼瞎说！印度人实在是极有勇气的，他们那样坚苦不挠，何尝不是奋斗？（页一四八）

是的！印度人也是奋斗，然而"奋斗"（向前要求）的态度，却是第一条路（页六九）。所以梁先生断定印度化是向后要求的第三条路，也许他自己有时要说是"实在闭眼瞎说"呢！

以上所说，并非为无益之辩，只是要指出，梁先生的简单公式是经不起他自己的反省的。印度化与西洋化，表面上可算两极端了，然而梁先生说他俩都是奋斗，即都是向前要求。

至于那"调和持中"、"随遇而安"的态度，更不能说那一国文化的特性。这种境界乃是世界各种民族的常识里的一种理想境界，绝不限于一民族或一国。见于哲学书的，中国儒家有《中庸》，希腊有亚里士多德的《伦理学》，而希伯来和印度两民族的宗教书里也多这种理想。见于民族思想里的，希腊古代即以"有节"为四大德之一，而欧洲各国都有这一类的民谣。至于诗人文学里，"知足"、"安命"、"乐天"等等更是世界文学里极常见的话，何尝是陶潜、白居易独占的美德？然而这种美德始终只是世界民族常识里的一种理想境界，无论在那一国，能实行的始终只有少数人。梁先生以为：

> 中国人的思想是安分知足，寡欲摄生，而绝没有提倡要求物质享乐的；却亦没有印度的禁欲思想。不论境遇如何，他都可以满足安受，并不定要求改造一个局面。

（页八四）

梁先生难道不睁眼看看古往今来的多妻制度，娼妓制度，整千整万的提倡醉酒的诗，整千整万恭维婊子的诗，《金瓶梅》与《品花宝鉴》，壮阳酒与春宫秘戏图？这种东西是不是代表一个知足安分寡欲摄生的民族的文化？只看见了陶潜、白居易，而不看见无数的西门庆与奚十一；只看见了陶潜、白居易诗里的乐天安命，而不看见他们诗里提倡酒为圣物而醉为乐境，——正是一种"要求物质享乐"的表示：这是我们不能不责备梁先生的。

以上所说，并不是有意吹毛求疵，只是要指出梁先生发明的文化公式，只是闭眼的拢统话，全无"真知灼见"。他的根本缺陷只是有意要寻一个简单公式，而不知简单公式决不能笼罩一大系的文化，结果只有分析辨别的形式，而实在都是一堆拢统话。

我们再看他那第二串的三个公式：

（一）西洋生活是直觉运用理智。
（二）中国生活是理智运用直觉。
（三）印度生活是理智运用现量。

这更是荒谬不通了。梁先生自己说：

> 现量，理智，直觉，是构成知识的三种工具。一切知识都是由这三种作用构成。虽然各种知识所含的三种作用有成分轻重的不同，但是非要具备这三种作用不可，缺少一种就不能成功的。（页六九）

单用这一段话，已可以根本推翻梁先生自己的三个公式了。既然说，知识非具备这三种作用不可，那么，也只是因为"各种知识"的性质不同，而成分有轻重的不同；何至于成为三种民族生活的特异公式呢？例如诗人赏花玩月，商人持筹握算，罪人鞭背打屁股，这三种经验因为性质不同，而有成分的轻重，前者偏于直觉，次者偏于理智，后者偏于现量，那是可能的。但人脑的构造，无论在东在西，决不能因不同种而有这样的大差异。我们可以说甲种民族在某个时代的知识方法比乙种民族在某个时代的知识方法精密的多；正如我们说近二百年来的西洋民族的科学方法大进步了。这不过好像我们说汉儒迂腐，宋儒稍能疑古，而清儒治学方法最精。这都不过是时间上，空间上的一种程度的差异。梁先生太热心寻求简单公式了，所以把这种历史上程度的差异，认作民族生活根本不同方向的特征，这已是大错了。他还更进一步，凭空想出某民族生活是某种作用运用某种作用，这真是"玄之又玄"了。

试问直觉如何运用理智？理智又如何运用直觉？理智又如何运用现量？

这三个问题，只有第一问梁先生答的稍为明白一点。他说：

> 一切西洋文化悉由念念认我向前要求而成。这"我"之认识，感觉所不能为，理智所不能为，盖全出于直觉所得。故此直觉实居主要地位；由其念强，才奔

着去求，而理智则其求时所用之工具。所以我们说西洋生活是以直觉运用理智的。读者幸善会其意而无以词害意。（二七）

梁先生也知道我们不能懂这种玄妙的话，故劝我们"善会其意而无以词害意"。但我们实在无法善会其意！第一，我们不能承认"我"之认识全出于直觉所得。哲学家也许有发这种妙论的；但我们知道西洋近世史上所谓"我"的发现，乃是一件极平常的事件，正如昆曲《思凡》里的小尼姑的春情发动，不愿受那尼庵的非人生活了，自然逃下山去。梁先生若细读这一出"我"的发现的妙文，或英国诗人白朗吟（Browning）的Fra Lippo Lippi便可以知道这里面也有情感，也带理智，而现量（感觉）实居主要。第二，即使我们闭眼承认"我"之认识由于直觉，然而"我"并不即等于直觉；正如哥仑布发现美洲，而美洲并不等于哥仑布。故"我之认识由于直觉"一句话，即使不是瞎说，也决不能引出"直觉运用理智"的结论。

此外，梁先生解释"理智运用直觉"一段，我老实承认全不懂得他说的是什么。幸而梁先生自己承认这一段话是"很拙笨不通"（二〇九），否则我们只好怪自己拙笨不通了。

最后，梁先生说"理智运用现量"一层，我们更无从索解。佛教的宗教部分，固然是情感居多，然而佛家的哲学部分却明明是世界上一种最精深的理智把戏。梁先生自己也曾说：

> 在印度，那因明学唯识学秉一种严刻的理智态度，走科学的路。（页八六）

何以此刻（页二〇九）只说印度生活是"理智运用现量"呢？梁先生的公式热，使他到处寻求那简单的概括公式，往往不幸使他陷入矛盾而不自觉。如上文梁先生既认印度化为奋斗，而仍说他是向后要求；如这里梁先生既认印度的因明唯识为走科学的路，而仍硬派他入第三个公式。"整齐好玩"则有余了，只可恨那繁复多方的文化是不肯服服帖帖叫人装进整齐好玩的公式里去的。

三

我们现在要对梁先生提出一点根本的忠告，就是要说明文化何以不能装入简单整齐的公式里去。梁先生自己也曾说过生活就是现在的我对宇宙的奋斗，"我们的生活无时不用力,即是无时不奋斗。当前为碍的东西是我的一个难题;所谓奋斗就是应付困难,解决问题"。(页六四)当梁先生说这话时,他并不曾限制他的适用的区域。他说:

> 差不多一切有情——生物——的生活,都是如此,并不单是人类为然。(页六五)

我们很可以用这一点做出发点:生活即是应付困难,解决问题。而梁先生又说:

> 文化并非别的,乃是人类生活的样法。(页六八)

这一句话,我们也可以承认(梁先生在这里又把文化和文明分作两事,但那个区别是不能自圆其说的,况且和梁先生自己在页十三上说的话互相矛盾,故我们可以不采他这个一时高兴的辨析)。梁先生又说:

> 奋斗的态度,遇到问题都是对于前面去下手,……改造局面,使其可以满足我们的要求:这是生活本来的路向。(页六九)

这也是我们可以承认的。但我们和梁先生携手同行到这里，就不能不分手了。梁先生走到这里，忽然根本否认他一向承认的"一切有情"都不能违背的"生活本来的路向"！他忽然说中国人和印度人的生活是不走这"生活本来的方向"的！他忽然很大度的把那条一切有情都是如此的生活本路让与西洋人去独霸！梁先生的根本错误就在此一点。

我们的出发点只是：文化是民族生活的样法，而民族生活的样法是根本大同小异的。为什么呢？因为生活只是生物对环境的适应，而人类的生理的构造根本上大致相同，故在大同小异的问题之下，解决的方法，也不出那大同小异的几种。这个道理叫做"有限的可能说"（The principle of limited possibilities）。例如饥饿的问题，只有"吃"的解决。而吃的东西或是饭，或是面包，或是棒子面，……而总不出植物与动物两种，决不会吃石头。御寒的问题，自裸体以至穿重裘，也不出那有限的可能。居住的问题，自穴居以至广厦层楼，根本上也只有几种可能。物质生活如此，社会生活也是如此。家庭的组织，也只有几种可能：杂交，一夫多妻，一妻多夫，一夫一妻，大家族或小家庭，宗子独承产业或诸子均分遗产。政治的组织也只有几种可能：独裁政治，寡头政治，平民政治。个人对社会的关系也有限的：个人主义与社会主义；自由与权威。精神生活也是如此的。言语的组织，总不出几种基本配合；神道的崇拜，也不出几种有限的可能。宇宙的解释，本体问题，知识的问题，古今中外，可曾跳出一元，二元，多元；唯心，唯物；先天，后天，等等几条有限的可能？人生行为的问题，古今中外，也不曾跳出几条有限的路子之外。至于文学与美术的可能方式，也不能不受限制：有韵与无韵，表现与象征，人声与乐器，色彩是有限的，乐音是有限的。这叫做有限的可能。

凡是有久长历史的民族，在那久长的历史上，往往因时代的变迁，环境的不同，而采用不同的解决样式。往往有一种民族而一一试过种种可能的变法的。政治史上，欧洲自希腊以至今日，印度自吠陀时代以至今日，中国自上古以至今日，都曾试过种种政治制度：所不同者，只是某种制度（例如多头政治）在甲民族的采用在古代，而在乙民族则上古与近代都曾采用；或某种制度（例如封建制度）在甲国早就消灭了，而在乙国则至最近世还不曾除。又如思想史上，这三大系的民族都曾有他们的光明时代与黑暗时代。思想是生活的一种重要工具，这里面自然包含直觉，感觉，与理智三种分子，三者缺一不可。但思想的方法不是一朝一夕可以完备的。往往积了千万年的经验，到了一个成人时期，又被外来的阻力摧折毁坏了,重复陷入幼稚的时期。印度自吠陀时代以至玄奘西游之时,几千年继续磨练的结果,遂使印度学术界有近于科学的因明论理与唯识心理。这个时代,梁先生也承认是"严刻的理智态度,走科学的路"。但回教不久征服印度了,佛教不久就绝迹于印度,而这条"科学的路"遂已开而复塞了。中国方面,也是如此。自上古以至东周,铢积寸累的结果,使战国时代呈现一个灿烂的哲学科学的时期。这个时代的学派之中,如墨家的成绩,梁先生也不能不认为"西洋适例"(页一七四)。然而久长的战祸,第一个统一帝国的摧残,第二个统一帝国的兵祸与专制,遂又使个成熟的时期的思想方法逐渐退化,陷入谶纬符命的黑暗时代。东汉以后,王充以至王弼,多少才士的反抗,终久抵不住外族的大乱与佛教(迷信的佛教,这时候还没有因明唯识呢)的混入中国!一千年的黑暗时代逐渐过去之后,方才有两宋的中兴。宋学是从中古宗教里滚出来的,程颐、朱熹一派认定格物致知的基本方法。大胆的疑古,小心的考证,十分明显的表示一种"严刻的理智态度,走科学的路"。这个风气一开,中间虽有陆、王的反科学的有力运动,终不能阻止这个科学的路重现而大盛于最近的三百年。这三百年的学术,自顾炎武、阎若璩以至戴震、崔述、王念孙、王引之,以至孙诒让、章炳麟,我们决不能不说是"严刻的理智态度,走科学的路"。

然而梁先生何以闭眼不见呢？只因为他的成见太深，凡不合于他的成见的，他都视为"化外"。故孔、墨先后并起，而梁先生忍心害理的说"孔子代表中国，而墨子则西洋适例！"（页一七四）故近世八百年的学术史上，他只认"晚明泰州王氏父子心斋先生东崖先生为最合我意"，而那影响近代思想最大最深的朱熹竟一字不提！他对于朱学与清朝考据学，完全闭眼不见，所以他能说：

> 科学方法在中国简直没有。（页八六）

究竟是真没有呢？还是被梁先生驱为"化外"了呢？

我们承认那"有限的可能说"，所以对于各民族的文化不敢下笼统的公式。我们承认各民族在某一个时代的文化所表现的特征，不过是环境与时间的关系，所以我们不敢拿"理智"、"直觉"等等简单的抽象名词来概括某种文化，我们拿历史眼光去观察文化，只看见各种民族都在那"生活本来的路"上走，不过因环境有难易，问题有缓急，所以走的路有迟速的不同，到的时候有先后的不同。历史是一面照妖镜，可以看出各种文化的原形；历史又是一座孽镜台，可以照出各种文化的过去种种经过。在历史上，我们看出那现在科学化（实在还是很浅薄的科学化）的欧洲民族也曾经过一千年的黑暗时代，也曾十分迷信宗教，也曾有过寺院制度，也曾做过种种苦修的生活，也曾极力压抑科学，也曾有过严厉的清净教风，也曾为卫道的热心烧死多少独立思想的人。究竟民族的根本区分在什么地方？至于欧洲文化今日的特色，科学与德谟克拉西，事事都可用历史的事实来说明：我们只可以说欧洲民族在这三百年中，受了环境的逼迫，赶上了几步，在征服环境的方面的成绩比较其余各民族确是大的多多。这也不是奇事：本来赛跑最怕赶上；赶上一步之后，先到的局面已成。但赛跑争先，虽然只有一个人得第一，落后的人，虽不能抢第一，而慢慢走去终也有到目的地的时候。现在全世界大通了，当初鞭策欧洲人的环境和问题现在又来鞭策我们了。将来中国和印度的科学化与民治化，是无可疑的。他们的落后，也不过是因为缺乏那些逼迫和鞭策的环境与问题，并不是因为他们的生活方式上有什么持中和向后的根本毛病，也并不是因为他们的生活上有直觉和现量的根本区别。民族的生活没有不用智慧的。但在和缓的境地之下，智慧稍模糊一点，还不会出大岔子；久而久之，便养成疏懒的智慧习惯了。直到环境逼人而来，懒不下去了，方才感发兴起，磨练智慧，以免淘汰。幼稚的民族，根行浅薄，往往当不起环境的逼迫，往往成为环境的牺牲。至于向来有伟大历史的民族，只要有急起直追的决心，终还有生存自立的机会。自然虽然残酷，但他还有最慈爱的一点：就是后天的变态大部分不致遗传下去。一千年的缠足，一旦放了，仍然可以恢复天足！这是使我们对于前途最可乐观的。

梁先生和我们大不相同的地方，只是我们认各种民族都向"生活本来的路"走，而梁先生却认中国、印度另走两条路。梁先生说：

> 中国人不是同西方人走一条路线，因为走的慢，比人家慢了几十里路。若是同一路线而少走些路，那么，慢慢的走，终究有一天赶的上。若是各自走到别的路线上去，别一方向上去，那么，无论走好久，也不会走到那西方人所达到的地点上去的！（页八四）

若照这样说法，我们只好绝望了。然而梁先生却又相信中国人同西洋人接触之后，也可以科学化，也可以民治化。他并且预言全世界西方化之后，还可以中国化，还可以印度化。如此说来，文化的变化岂不还是环境的关系吗？又何尝有什么"抽象的样法"的根本不同呢？他既不能不拿环境的变迁来说明将来的文化，他何不老实用同样的原因来说明现在的文化的偶然不同呢？

这篇文章，为篇幅所限，只能指出原书的缺陷，而不及指出他的许多好处（如他说中国人现在应该"排斥印度的态度，丝毫不能容留"一节），实在是我们很抱歉的。

十二，三，二十八

（原载1923年4月1日《读书杂志》第8期）

附录一　梁漱冥先生第一次来书

顷奉手示，并《读书杂志》见教一文，敬诵悉。往者此书出版曾奉一册请正，未见诲答。兹承批评，敢不拜嘉？独惜限于篇幅，指示犹嫌疏略，于漱冥论文化转变处，未能剀切相诲；倘更辱评论其致误之由，而曲喻其所未达，则蒙益者，宁独一漱冥乎？至尊文间或语近刻薄，颇失雅度；原无嫌怨，曷为如此？愿复省之。

……匆复

适之先生：

漱冥手复　四月一日

附录二 答书

漱冥先生：

顷奉手书，有云，"尊文间或语近刻薄，颇失雅度；原无嫌怨，曷为如此？"

"嫌怨"一语，未免言重，使人当不起。至于刻薄之教，则深中适作文之病。然亦非有意为刻薄也。适每谓吾国散文中最缺乏诙谐风味，而最多板板面孔说规矩话。因此，适作文往往喜欢在极庄重的题目上说一两句滑稽话，有时不觉流为轻薄，有时流为刻薄。在辩论之文中，虽有时亦因此而增加效力，然亦往往因此挑起反感。如此文自信对于先生毫无恶意，而笔锋所至，竟蹈刻薄之习，至惹起先生"嫌怨"之疑，敢不自省乎？

得来示后，又复检此文，疑先生所谓刻薄，大概是指"一条线""闭眼"等等字样。此等处皆摭拾大著中语，随手用来为反驳之具，诚近于刻薄。然此等处实亦关于吾二人性情上之不同。适颇近于玩世，而先生则屡自言凡事"认真"。以凡事"认真"之人，读玩世滑稽之言，宜其扞格不入者多矣。如此文中，"宋学是从中古宗教里滚出来的"一个"滚"字，在我则为行文时之偶然玩意不恭，而在先生，必视为轻薄矣。又如文中两次用"化外"，此在我不过是随手拈来的一个Pun，未尝不可涉笔成趣，而在"认真"如先生者，或竟以为有意刻薄矣。轻薄与刻薄固非雅度，然凡事太认真亦非汪汪雅度也。如那年第三院之送别会，在将散会之际，先生忽发"东方文化是什么"之问，此一例也。后来先生竟把孟和先生一时戏言笔之于书，以为此足证大家喜欢说虚伪的话。此又一例也。玩世的态度固可以流入刻薄；而认真太过，武断太过，亦往往可以流入刻薄。先生"东西文化"书中，此种因自信太过，或武断太过，而不觉流为刻薄的论调，亦复不少。页一六，页一六四即是我个人身受的两个例。此非反唇相稽也。承先生不弃，恳切相规，故敢以此为报，亦他山之错，朋友之谊应尔耳。先生想不以为罪乎？

....

适敬上　十二，四，二

附录三　第二次来书

适之先生：

承教甚愧！早在涵容，犹未自知也。冥迩来服膺阳明，

往时态度,深悔之矣。复谢。顺候

起居

　　　　　　　　　　　　　　　　　漱冥顿首　四月四日

(附注)

文中引用原书页数是指梁先生初次自印本,与现行商务本页数稍有不同。

《科学与人生观》序

亚东图书馆主人汪孟邹先生近来把散见国内各种杂志上的讨论科学与人生观的文章搜集印行，总名为《科学与人生观》。我从烟霞洞回到上海时，这部书已印了一大半了。孟邹要我做一篇序。我觉得，在这回空前的思想界大笔战的战场上，我要算一个逃兵了。我在本年三四月间，因为病体未复原，曾想把《努力周报》停刊；当时丁在君先生极不赞成停刊之议，他自己做了几篇长文，使我好往南方休息一会。我看了他的《玄学与科学》，心里很高兴，曾对他说，假使《努力》以后向这个新方向去谋发展，——假使我们以后为科学作战，——《努力》便有了新生命，我们也有了新兴趣，我从南方回来，一定也要加入战斗的。然而我来南方以后，一病就费去了六个多月的时间，在病中我只做了一篇很不庄重的《孙行者与张君劢》，此外竟不曾加入一拳一脚，岂不成了一个逃兵了？我如何敢以逃兵的资格来议论战场上各位武士的成绩呢？

但我下山以后，得遍读这次论战的各方面的文章，究竟忍不住心痒手痒，究竟不能不说几句话。一来呢，因为论战的材料太多，看这部大书的人不免有"目迷五色"的感觉，多作一篇综合的序论也许可以帮助读者对于论点的了解。二来呢，有几个重要的争点，或者不曾充分发挥，或者被埋没在这二十五万字的大海里，不容易引起读者的注意，似乎都有特别点出的需要。因此，我就大胆地作这篇序了。

一

这三十年来，有一个名词在国内几乎做到了无上尊严的地位；无论懂与不懂的人，无论守旧和维新的人，都不敢公然对他表示轻视或戏侮的态度。那个名词就是"科学"。这样几乎全国一致的崇信，究竟有无价值，那是另一问题。我们至少可以说，自从中国讲变法维新以来，没有一个自命为新人物的人敢公然毁谤"科学"的，直到民国八、九年间梁任公先生发表他的《欧游心影录》，科学方才在中国文字里正式受了"破产"的宣告。梁先生说：

……要而言之，近代人因科学发达，生出工业革命，外部生活变迁急剧，内部生活随而动摇，这是很容易看得出的。……依着科学家的新心理学，所谓人类心灵这件东西，就不过物质运动现象之一种。……这些唯物派的哲学家，托庇科学宇下建立一种纯物质的纯机械的人生观。把一切内部生活外部生活都归到物质运动的"必然法则"之下。……不惟如此，他们把心理和精神看成一物，根据实验心理学，硬说人类精神也不过一种物质，一样受"必然法则"所支配。于是人类的自由意志不得不否认了。意志既不能自由，还有什么善恶的责任？……现今思想界最大的危机就在这一点。宗教和旧哲学既已被科学打得个旗靡帜乱，这位"科学先生"便自当仁不让起来，要凭他的试验发明个宇宙新大原理。却是那大原理且不消说，敢是各科的小原理也是日新月异，今日认为真理，明日已成谬见。新权威到底树立不来，旧权威却是不可恢复了。所以全社会人心，都陷入怀疑沉闷畏惧之中，好像失了罗针的海船遇着风雾，不知前途怎生是好。既然如此，所以那些什么乐利主义强权主义越发得势。死后既没有天堂，只好尽这几十年尽情地快活。善恶既没有责任，何妨尽我的手段来充满我个人欲望。然而享用的物质增加速率，总不能和欲望的升腾同一比例,而且没有法子令他均衡。怎么好呢?只有凭自己的力量自由竞争起来,质而言之,就是弱肉强食。近年来什么军阀,什么财阀,都是从这条路产生出来。这回大战争,便是一个报应。……总之,在这种人生观底下,那么千千万万人前脚接后脚的来这世界走一趟住几十年,干什么呢?独一无二的目的就是抢面包吃。不然就是怕那宇宙间物质运动的大轮子缺了发动力,特自来供给他燃料。果真这样,人生还有一毫意味,人类还有一毫价值吗?无奈当科学全盛时代,那主要的思潮,却是偏在这方面,当时讴歌科学万能的人,满望着科学成功,黄金世界便指日出现。如今功总算成了,一百年物质的进步,比从前三千年所得还加几倍。我们人类不惟没有得着幸福,倒反带来许多灾难。好像沙漠中失路的旅人,远远望见个大黑影,拼命往前赶,以为可以靠他向导,那知赶上几程,影子却不见了,因此无限凄惶失望。影子是谁,就是这位"科学先生"。欧洲人做了一场科学万能的大梦,到如今却叫起科学破产来。(《梁任公近著》第一辑上卷,页一九——二三)

梁先生在这段文章里很动情感地指出科学家的人生观的流毒:他很明显地控告那"纯物质的纯机械的人生观"把欧

洲全社会"都陷入怀疑沉闷畏惧之中",养成"弱肉强食"的现状,——"这回大战争,便是一个报应"。他很明白地控告这种科学家的人生观造成"抢面包吃"的社会,使人生没有一毫意味,使人类没有一毫价值,没有给人类带来幸福,"倒反带来许多灾难",叫人类"无限凄惶失望"。梁先生要说的是欧洲"科学破产"的喊声,而他举出的却是科学家的人生观的罪状;梁先生摭拾了一些玄学家诬蔑科学人生观的话头,却便加上了"科学破产"的恶名。

梁先生后来在这一段之后,加上两行自注道:

> 读者切勿误会,因此菲薄科学,我绝不承认科学破产,不过也不承认科学万能罢了。

然而谣言这件东西,就同野火一样,是易放而难收的。自从《欧游心影录》发表之后,科学在中国的尊严就远不如前了。一般不曾出国门的老先生很高兴地喊着,"欧洲科学破产了!梁任公这样说的"。我们不能说梁先生的话和近年同善社、悟善社的风行有什么直接的关系;但我们不能不说梁先生的话在国内确曾替反科学的势力助长不少的威风。梁先生的声望,梁先生那枝"笔锋常带情感"的健笔,都能使他的读者容易感受他的言论的影响。何况国中还有张君劢先生一流人,打着柏格森、倭铿、欧立克……的旗号,继续起来替梁先生推波助澜呢?

我们要知道,欧洲的科学已到了根深蒂固的地位,不怕玄学鬼来攻击了。几个反动的哲学家,平素饱餍了科学的滋味,偶尔对科学发几句牢骚话,就像富贵人家吃厌了鱼肉,常想尝尝咸菜豆腐的风味:这种反动并没有什么大危险。那光焰万丈的科学,决不是这几个玄学鬼摇撼得动的。一到中国,便不同了。中国此时还不曾享着科学的赐福,更谈不到科学带来的"灾难"。我们试睁开眼看看:这遍地的乩坛道院,这遍地的仙方鬼照相,这样不发达的交通,这样不发达的实业,——我们那里配排斥科学?至于"人生观",我们只有做官发财的人生观,只有靠天吃饭的人生观,只有求神问卜的人生观,只有《安士全书》的人生观,只有《太上感应篇》的人生观,——中国人的人生观还不曾和科学行见面礼呢!我们当这个时候,正苦科学的提倡不够,正苦科学的教育不发达,正苦科学的势力还不能扫除那迷漫全国的乌烟瘴气,——不料还有名流学者出来高唱"欧洲科学破产"的喊声,出来把欧洲文化破产的罪名归到科学身上,出来菲薄科学,历数科学家的人生观的罪状,不要科学在人生观上发生影响!信仰科学的人看了这种现状,能不发愁吗?能不大声疾呼出来替科学辩护吗?

这便是这一次"科学与人生观"的大论战所以发生的动机。明白了这个动机,我们方才可以明白这次大论战在中国思想史上占的地位。

二

张君劢的《人生观》原文的大旨是:

> 人生观之特点所在,曰主观的,曰直觉的,曰综合的,曰自由意志的,曰单一性的。惟其有此五点,故科学无论如何发达,而人生观问题之解决,决非科学所能为力,惟赖诸人类之自身而已。

君劢叙述那五个特点时,处处排斥科学,处处用一种不可捉摸的语言——"是非各执,绝不能施以一种试验","无所谓定义,无所谓方法,皆其身良心之所命起而主张之","若强为分析,则必失其真义","皆出于良心之自动,而决非有使之然者"。这样一个大论战,却用一篇处处不可捉摸的论文作起点,这是一件大不幸的事。因为原文处处不可捉摸,故驳论与反驳都容易跳出本题。战线延长之后,战争的本意反不很明白了(我常想,假如当日我们用了梁任公先生的"科学万能之梦"一篇作讨论的基础,我们定可以使这次论争的旗帜格外鲜明,——至少可以免去许多无谓的纷争)。我们为读者计,不能不把这回论战的主要问题重说一遍。

君劢的要点是"人生观问题之解决,决非科学所能为力"。我们要答复他,似乎应该先说明科学应用到人生观问题上去,曾产生什么样子的人生观;这就是说,我们应该先叙述"科学的人生观"是什么,然后讨论这种人生观是否可以成立,是否可以解决人生观的问题,是否像梁先生说的那样贻祸欧洲,流毒人类。我总观这二十五万字的讨论,终觉得这一次为科学作战的人——除了吴稚晖先生——都有一个共同的错误,就是不曾具体地说明科学的人生观是什么,却去抽象地力争科学可以解决人生观的问题。这个共同错误的原因,约有两种:第一,张君劢的导火线的文章内并不曾像梁任公那样明白指斥科学家的人生观,只是笼统地说科学对于人生观问题不能为力。因此,驳论与反驳论的文章也都走上那"可能与不可能"的笼统讨论上去了。例如丁在君的《玄学与科学》的主要部分只是要证明

> 凡是心理的内容,真的概念推论,无一不是科学的材料。

然而他却始终没有说出什么是"科学的人生观"。从此以后，许多参战的学者都错在这一点上。如张君劢《再论人生观与科学》只主张

"人生观超于科学以上"，"科学决不能支配人生"。

如梁任公的《人生观与科学》只说

人生关涉理智方面的事项，绝对要用科学方法来解决；关于情感方面的事项，绝对的超科学。

如林宰平的《读丁在君先生的〈玄学与科学〉》只是一面承认"科学的方法有益于人生观"，一面又反对科学包办或管理"这个最古怪的东西"——人类。如丁在君《答张君劢》也只是说明

这种（科学）方法，无论用在知识界的那一部分，都有相当的成绩，所以我们对于知识的信用，比对于没有方法的情感要好；凡有情感的冲动都要想用知识来指导他，使他发展的程度提高，发展的方向得当。

如唐擘黄《心理现象与因果律》只证明

一切心理现象都是有因的。

他的《一个痴人的说梦》只证明

关于情感的事项，要就我们的知识所及，尽量用科学方法来解决的。

王抚五的《科学与人生观》也只是说：

科学是凭借"因果"和"齐一"两个原理而构造起来的；人生问题无论为生命之观念，或生活之态度，都不能逃出这两个原理的金刚圈，所以科学可以解决人生问题。

直到最后范寿康的《评所谓科学与玄学之争》，也只是说：

伦理规范——人生观——一部分是先天的，一部分是后天的。先天的形式是由主观的直觉而得，决不是科学所能干涉。后天的内容应由科学的方法探讨而定，决不是主观所应妄定。

综观以上各位的讨论，人人都在那里拢统地讨论科学能不能解决人生问题或人生观问题。几乎没有一个人明白指出，假使我们把科学适用到人生观上去，应该产生什么样子的人生观。然而这个共同的错误大都是因为君劢的原文不曾明白攻击科学家的人生观，却只悬空武断科学决不能解决人生观问题。殊不知，我们若不先明白科学应用到人生观上去时发生的结果，我们如何能悬空评判科学能不能解决人生观呢？

这个共同的错误——大家规避"科学的人生观是什么"的问题——怕还有第二个原因，就是一班拥护科学的人虽然抽象地承认科学可以解决人生问题，却终不愿公然承认那具体的"纯物质，纯机械的人生观"为科学的人生观。我说他们"不愿"，并不是说他们怯懦不敢，只是说他们对于那科学家的人生观还不能像吴稚晖先生那样明显坚决的信仰，所以还不能公然出来主张。这一点确是这一次大论争的一个绝大的弱点。若没有吴老先生把他的"漆黑一团"的宇宙观和"人欲横流"的人生观提出来做个押阵大将，这一场大战争真成了一场混战，只闹得个一哄散场！

关于这一点，陈独秀先生的序里也有一段话，对于作战的先锋大将丁在君先生表示不满意。独秀说：

> 他（丁先生）自号存疑的唯心论，这是沿袭赫胥黎、斯宾塞诸人的谬误；你既承认宇宙间有不可知的部分而存疑，科学家站开，且让玄学家来解疑。此所以张君劢说，"既已存疑，则研究形而上界之玄学，不应有丑诋之词"。其实我们对于未发现的物质固然可以存疑，而对于超物质而独立存在并且可以支配物质的什么心（心即是物之一种表现），什么神灵与上帝，我们已无疑可存了。说我们武断也好，说我们专制也好，若无证据给我们看，我们断然不能抛弃我们的信仰。

关于存疑主义的积极的精神，在君自己也曾有明白的声明（《答张君劢》，页二一——二三）。"拿证据来！"一句话确然是有积极精神的。但赫胥黎等在当用这种武器时，究竟还只是消极的防御居多。在十九世纪的英国，在那宗教的权威不曾打破的时代，明明是无神论者也不得不挂一个"存疑"的招牌。但在今日的中国，在宗教信仰向来比较自由的中国，我们如果深信现有的科学证据只能叫我们否认上帝的存在和灵魂的不灭，那么，我们正不妨老实自居为"无神论者"。

这样的自称并不算是武断；因为我们的信仰是根据于证据的；等到有神论的证据充足时，我们再改信有神论，也还不迟。我们在这个时候，既不能相信那没有充分证据的有神论，心灵不灭论，天人感应论，……又不肯积极地主张那自然主义的宇宙观，唯物的人生观，……怪不得独秀要说"科学家站开！且让玄学家来解疑"了。吴稚晖先生便不然。他老先生宁可冒"玄学鬼"的恶名，偏要冲到那"不可知的区域"里去打一阵，他希望"那不可知区域里的假设，责成玄学鬼也带着论理色采去假设着"（《宇宙观及人生观》，页九）。这个态度是对的。我们信仰科学的人，正不妨做一番大规模的假设。只要我们的假设处处建筑在已知的事实之上，只要我们认我们的建筑不过是一种最满意的假设，可以跟着新证据修正的，——我们带着这种科学的态度，不妨冲进那不可知的区域里，正如姜子牙展开了杏黄旗，也不妨冲进十绝阵里去试试。

三

我在上文说的，并不是有意挑剔这一次论战场上的各位武士。我的意思只是要说，这一篇论战的文章只做了一个"破题"，还不曾做到"起讲"。至于"余兴"与"尾声"，更谈不到了。破题的工夫，自然是很重要的。丁在君先生的发难，唐擘黄先生等的响应，六个月的时间，二十五万字的煌煌大文，大吹大擂地把这个大问题捧了出来，叫乌烟瘴气的中国知道这个大问题的重要，——这件功劳真不在小处！

可是现在真有做"起讲"的必要了。吴稚晖先生的"一个新信仰的宇宙观及人生观"已给我们做下一个好榜样。在这篇《科学与人生观》的"起讲"里，我们应该积极地提出什么叫做"科学的人生观"，应该提出我们所谓"科学的人生观"，好教将来的讨论有个具体的争点。否则你单说科学能解决人生观，他单说不能，势必至于吴稚晖先生说的"张丁之战，便延长了一百年，也不会得到究竟"。因为若不先有一种具体的科学人生观作讨论的底子，今日泛泛地承认科学有解决人生观的可能，是没有用的。等到那"科学的人生观"的具体内容拿出来时，战线上的组合也许要起一个大大的变化。我的朋友朱经农先生是信仰科学"前程不可限量"的，然而他定不能承认无神论是科学的人生观。我的朋友林宰平先生是反对科学包办人生观的，然而我想他一定可以很明白地否认上帝的存在。到了那个具体讨论的时期，我们才可以说是真正开战。那时的反对，才是真反对。那时的赞成，才是真赞成。那时的胜利，才是真胜利。

我还要再进一步说：拥护科学的先生们，你们虽要想规避那"科学的人生观是什么"的讨论，你们终于免不了的。因为他们早已正式对科学的人生观宣战了。梁任公先生的"科学万能之梦"，早已明白攻击那"纯物质的，纯机械的人生观"了。他早已把欧洲大战祸的责任加到那"科学家的新心理学"上去了。张君劢先生在《再论人生观与科学》里，也很笼统地攻击"机械主义"了。他早已说"关于人生之解释与内心之修养，当然以唯心派之言为长"了。科学家究竟何去何从？这时候正是科学家表明态度的时候了。

因此，我们十分诚恳地对吴稚晖先生表示敬意，因为他老先生在这个时候很大胆地把他信仰的宇宙观和人生观提出来，很老实地宣布他的"漆黑一团"的宇宙观和"人欲横流"的人生观。他在那篇大文章里，很明白地宣言

> 那种骇得煞人的显赫的名词，上帝呀，神呀，还是取销了好。(页十二)

很明白地

> 开除了上帝的名额，放逐了精神元素的灵魂。(页二九)

很大胆地宣言：

> 我以为动植物且本无感觉，皆止有其质力交推，有其辐射反应，如是而已。譬之于人，其质构而为如是之神经系，即其力生如是之反应。所谓情感，思想，意志等等，就种种反应而强为之名，美其名曰心理，神其事曰灵魂，质直言之曰感觉，其实统不过质力之相应。（页二二——二三）

他在《人生观》里，很"恭敬地又好像滑稽地"说：

> 人便是外面止剩两只脚，却得到了两只手，内面有三斤二两脑髓，五千零四十八根脑筋，比较占有多额神经系质的动物。（页三九）
>
> 生者，演之谓也，如是云尔。（页四十）
>
> 所谓人生，便是用手用脑的一种动物，轮到"宇宙大剧场"的第亿垓八京六兆五万七千幕，正在那里出台演唱。（页四七）

他老先生五年的思想和讨论的结果，给我们这样一个"新信仰的宇宙观及人生观"。他老先生很谦逊地避去"科学的"的尊号，只叫他做"柴积上，日黄中的老头儿"的新信仰。他这个新信仰正是张君劢先生所谓"机械主义"，正是梁任公先生所谓"纯物质的纯机械的人生观"。他一笔勾销了上帝，抹煞了灵魂，戳穿了"人为万物之灵"的玄秘。这才是真正的挑战。我们要看那些信仰上帝的人们出来替上帝向吴老先生作战。我们要看那些信仰灵魂的人们出来替灵魂向吴老先生作战。我们要看那些信仰人生的神秘的人们出来向这"两手动物演戏"的人生观作战。我们要看那些认爱情为玄秘的人们出来向这"全是生理作用，并无丝毫微妙"的爱情观作战。这样的讨论，才是切题的，具体的讨论。这才是真正开火。这样战争的结果，不是科学能不能解决人生的问题了，乃是上帝的有无，鬼神的有无，灵魂的有无，……等等人生切要问题的解答。

只有这种具体的人生切要问题的讨论才可以发生我们所希望的效果，——才可以促进思想上的刷新。

反对科学的先生们！你们以后的作战，请向吴稚晖的"新信仰的宇宙观及人生观"作战。

拥护科学的先生们！你们以后的作战，请先研究吴稚晖的"新信仰的宇宙观及人生观"：完全赞成他的，请准备替他辩护，像赫胥黎替达尔文辩护一样；不能完全赞成他的，请提出修正案，像后来的生物学者修正达尔文主义一样。

从此以后,科学与人生观的战线上的押阵老将吴老先生要倒转来做先锋了!

四

说到这里,我可以回到张、丁之战的第一个"回合"了。张君劢说:

> 天下古今之最不统一者,莫若人生观。(《人生观》页一)

丁在君说:

> 人生观现在没有统一是一件事,永久不能统一又是一件事,除非你能提出事实理由来证明他是永远不能统一的,我们总有求他统一的义务。(《玄学与科学》页三)
>
> 玄学家先存了一个成见,说科学方法不适用于人生观;世界上的玄学家一天没有死完,自然一天人生观不能统一。(页四)

"统一"一个字,后来很引起一些人的抗议。例如林宰平先生就控告丁在君,说他"要把科学来统一一切",说他"想用科学的武器来包办宇宙"。这种控诉,未免过于张大其词了。在君用的"统一"一个字,不过是沿用君劢文章里的话;他们两位的意思大概都不过是大同小异的一致,罢了。依我个人想起来,人类的人生观总应该有一个最低限度的一致的可能。唐擘黄先生说的最好:

> 人生观不过是一个人对于世界万物同人类的态度,这种态度是随着一个人的神经构造,经验,知识等而变的。神经构造等就是人生观之因。我举一二例来看。
>
> 无因论者以为叔本华(Schopenhauer)哈德门(Hartmann)的人生观是直觉的,其实他们自己并不承认这事。他们都说根据经验阅历而来的。叔本华是引许多经验作证的,哈德门还要说他的哲学是从归纳法得来的。
>
> 人生观是因知识而变的。例如,柯白尼太阳居中说,同后来的达尔文的人猿同祖说发明以后,世界人类的人生观起绝大变动;这是无可疑的历史事实。若人生观是直觉的,无因的,何以随自然界的知识而变更呢?

我们因为深信人生观是因知识经验而变换的,所以深信宣传与教育的效果可以使人类的人生观得着一个最低限度的一致。

最重要的问题是：拿什么东西来做人生观的"最低限度的一致"呢？

我的答案是：拿今日科学家平心静气地，破除成见地，公同承认的"科学的人生观"来做人类人生观的最低限度的一致。

宗教的功效已曾使有神论和灵魂不灭论统一欧洲（其实何止欧洲？）的人生观至千余年之久。假使我们信仰的"科学的人生观"将来靠教育与宣传的功效，也能有"有神论"和"灵魂不灭论"在中世欧洲那样的风行，那样的普遍，那也可算是我所谓"大同小异的一致"了。

我们若要希望人类的人生观逐渐做到大同小异的一致，我们应该准备替这个新人生观作长期的奋斗。我们所谓"奋斗"，并不是像林宰平先生形容的"摩哈默得式"的武力统一；只是用光明磊落的态度，诚恳的言论，宣传我们的"新信仰"，继续不断的宣传，要使今日少数人的信仰逐渐变成将来大多数人的信仰。我们也可以说这是"作战"，因为新信仰总免不了和旧信仰冲突的事；但我们总希望作战的人都能尊重对方的人格，都能承认那些和我们信仰不同的人不一定都是笨人与坏人，都能在作战之中保持一种"容忍"（Toleration）的态度；我们总希望那些反对我们的新信仰的人,也能用"容忍"的态度来对我们,用研究的态度来考察我们的信仰。我们要认清:我们的真正敌人不是对方;我们的真正敌人是"成见",是"不思想"。我们向旧思想和旧信仰作战,其实只是很诚恳地请求旧思想和旧信仰势力之下的朋友们起来向"成见"和"不思想"作战。凡是肯用思想来考察他的成见的人,都是我们的同盟!

五

总而言之,我们以后的作战计划是宣传我们的新信仰,是宣传我们信仰的新人生观(我所谓"人生观",依唐擘黄先生的界说,包括吴稚晖先生所谓"宇宙观")。这个新人生观的大旨,吴稚晖先生已宣布过了。我们总括他的大意,加上一点扩充和补充,在这里再提出这个新人生观的轮廓:

(1)根据于天文学和物理学的知识,叫人知道空间的无穷之大。

(2)根据于地质学及古生物学的知识,叫人知道时间的无穷之长。

(3)根据于一切科学,叫人知道宇宙及其中万物的运行变迁皆是自然的,——自己如此的,——正用不着什么超自然的主宰或造物者。

（4）根据于生物的科学的知识，叫人知道生物界的生存竞争的浪费与惨酷，——因此，叫人更可以明白那"有好生之德"的主宰的假设是不能成立的。

（5）根据于生物学，生理学，心理学的知识，叫人知道人不过是动物的一种，他和别种动物只有程度的差异，并无种类的区别。

（6）根据于生物的科学及人类学，人种学，社会学的知识，叫人知道生物及人类社会演进的历史和演进的原因。

（7）根据于生物的及心理的科学，叫人知道一切心理的现象都是有因的。

（8）根据于生物学及社会学的知识，叫人知道道德礼教是变迁的，而变迁的原因都是可以用科学方法寻求出来的。

（9）根据于新的物理化学的知识，叫人知道物质不是死的，是活的；不是静的，是动的。

（10）根据于生物学及社会学的知识，叫人知道个人——"小我"——是要死灭的，而人类——"大我"——是不死的，不朽的；叫人知道"为全种万世而生活"就是宗教，就是最高的宗教；而那些替个人谋死后的"天堂""净土"的宗教，乃是自私自利的宗教。

这种新人生观是建筑在二三百年的科学常识之上的一个

大假设，我们也许可以给他加上"科学的人生观"的尊号。但为避免无谓的争论起见，我主张叫他做"自然主义的人生观"。

在那个自然主义的宇宙里，在那无穷之大的空间里，在那无穷之长的时间里，这个平均高五尺六寸，上寿不过百年的两手动物——人——真是一个藐乎其小的微生物了。在那个自然主义的宇宙里，天行是有常度的，物变是有自然法则的，因果的大法支配着他——人——的一切生活，生存竞争的惨剧鞭策着他的一切行为，——这个两手动物的自由真是很有限的了。然而那个自然主义的宇宙里的这个眇小的两手动物却也有他的相当的地位和相当的价值。他用的两手和一个大脑，居然能做出许多器具，想出许多方法，造成一点文化。他不但驯伏了许多禽兽，他还能考究宇宙间的自然法则，利用这些法则来驾驭天行，到现在他居然能叫电气给他赶车，以太给他送信了。他的智慧的长进就是他的能力的增加；然而智慧的长进却又使他的胸襟扩大，想像力提高。他也曾拜物拜畜生，也曾怕神怕鬼，但他现在渐渐脱离了这种种幼稚的时期，他现在渐渐明白：空间之大只增加他对于宇宙的美感；时间之长只使他格外明了祖宗创业之艰难；天行之有常只增加他制裁自然界的能力。甚至于因果律的笼罩一切，也并不见得束缚他的自由，因为因果律的作用一方面使他可以由因求果,由果推因,解释过去,预测未来;一方面又使他可以运用他的智慧,创造新因以求新果。甚至于生存竞争的观念也并不见得就使他成为一个冷酷无情的畜生,也许还可以格外增加他对于同类的同情心,格外使他深信互助的重要,格外使他注重人为的努力以减免天然竞争的惨酷与浪费。——总而言之,这个自然主义的人生观里,未尝没有美,未尝没有诗意,未尝没有道德的责任,未尝没有充分运用"创造的智慧"的机会。

我这样粗枝大叶的叙述,定然不能使信仰的读者满意,或使不信仰的读者心服。这个新人生观的满意的叙述与发挥,那正是这本书和这篇序所期望能引起的。

十二,十一,廿九在上海

附录一 陈独秀先生序

亚东图书馆汇印讨论科学与人生观的文章,命我作序,我方在病中而且多事,却很欢喜的做这篇序。第一,因为文化落后的中国,到现在才讨论这个问题(文化落后的俄国前此关于这问题也有过剧烈的讨论,现在他们的社会科学进了步,稍懂得一点社会科学门径的人，都不会有这种无常识的讨论了，和我们中国的知识阶级现在也不至于讨论什么天圆地方天动地静电线是不是蜘蛛精这等问题一样），而却已开始讨论这个问题，进步虽说太缓，总算是有了进步；只可惜一班攻击张君劢、梁启超的人们，表面上好像是得了胜利，其实并未攻破敌人的大本营，不过打散了几个支队，有的还是表面上在那里开战，暗中却已投降了（如范寿康先天的形式说，及任叔永人生观的科学是不可能说）。就是主将丁文江大攻击张君劢唯心的见解，其实他自己也是以五十步笑百步，这是因为有一种可以攻破敌人大本营的武器，他们素来不相信，因此不肯用。"科学何以不能支配人生观"，敌人方面却举出一些似是而非的证据出来；"科学何以能支配人生观"，这方面却一个证据也没举出来，我以为不但不曾得着胜利，而且几乎是卸甲丢盔的大败战，大家的文章写得虽多，大半是"下笔千言离题万里"，令人看了好像是"科学概论讲义"，不容易看出他们和张君劢的争点究竟是什么，张君劢那边离开争点之枝叶更加倍之多，这乃一场辩论的最大遗憾！第二，因为适之最近对我说，"唯物史观至多只能解释大部分的问题"，经过这回辩论之后，适之必能百尺竿头更进一步！因为这两个缘故，我很欢喜的做这篇序。

数学物理学化学等科学，和人生观有什么关系，这问题本不用着讨论。可是后来科学的观察分类说明等方法应用到活动的生物，更应用到最活动的人类社会，于是便有人把科学略分为自然科学与社会科学二类。社会科学中最主要的是经济学，社会学，历史学，心理学，哲学（这里所指是实验主义的及唯物史观的人生哲学，不是指本体论宇宙论的玄学，即所谓形而上的哲学）。这些社会科学，不用说和那些自然科学都还在幼稚时代，然即是幼稚，已经有许多不可否认的成绩，若因为还幼稚便不要他，我们不必这样蠢。自然科学已经说明了自然界许多现象，这是我们不能否认的；社会科学已经说明了人类社会许多现象，这也是我们不能否认的。自然界及社会都有他的实际现象：科学家说明得对，他原来是那样；科学家说明得不对，他仍旧是那样；玄学家无论如何胡想乱说，他仍旧是那样；他的实际现象是死板板的，不是随着你们唯物论唯心论改变的；哥白尼以前，地球原来在那里绕日而行，孟轲以后，渐渐变成了无君的世界；科学的说明能和这死板板的实际一一符合，才是最后的成功；我们所以相信科学（无论自然科学或社会科学）也就是因为"科学家之最大目的，曰摈除人意之作用，而一切现象化之为客观的，因而可以推算，可以穷其因果之相生"，（张君劢说）必如此而后可以根据实际寻求实际，而后可以说明自然界及人类社会死板板的实际，和玄学家的胡想乱说不同。

人生观和（社会）科学的关系是很显明的，为什么大家还要讨论？哈哈！就是讨论这个问题之本身，也可以证明人生观和科学的关系之深了。孔德分人类社会为三时代，我们还在宗教迷信时代；你看全国最大多数的人，还是迷信巫鬼符咒算命卜卦等超物质以上的神秘；次多数像张君劢这样相信玄学的人，旧的士的阶级全体，新的士的阶级一大部分皆是；像丁在君这样相信科学的人，其数目几乎不能列入统计。现在由迷信时代进步到科学时代，自然要经过玄学先生的狂吠；这种社会的实际现象，想无人能够否认。倘不能否认，便不能不承认孔德三时代说是社会科学上一种定律。这个定律便可以说明许多时代许多社会许多个人的人生观之所以不同。譬如张君劢是个饱学秀才，他一日病了，他的未尝学问的家族要去求符咒仙方，张君劢立意要延医诊脉服药；他的朋友丁在君方从外国留学回来，说汉医靠不住，坚劝他去请西医，张君劢不但不相信，并说出许多西医不及汉医的证据；两人争持正烈的时候，张君劢的家族说，西医汉医都靠不住，还是符咒仙方好：他们如此不同的见解，也便是他们如此不同的人生观，他们如此不同的人生观，都是他们所遭客观的环境造成的，决不是天外飞来主观的意志造成的，这本是社会科学可以说明的，决不是形而上的玄学可以说明的。

张君劢举出九项人生观，说都是主观的，起于直觉的，综合的，自由意志的，起于人格之单一性的，而不为客观的，论理的，分析的，因果律的科学所支配。今就其九项人生观看起来：第一，大家族主义和小家族主义，纯粹是由农业经济宗法社会进化到工业经济军国社会之自然的现象。第二，男女尊卑及婚姻制度，也是由于农业宗法社会亲与夫都把子女及妻当作生产工具，当作一种财产，到了工业社会，家庭手工已不适用，有了雇工制度，也用不着拿家族当生产工具，于是女权运动自然会兴旺起来。第三，财产公有私有制度，在原始共产社会，人弱于兽，势必结群合作，原无财产私有之必要与可能（假定有人格之单一性的张先生，生在那个社会，他的主观，他的直觉，他的自由意志，忽然要把财产私有起来，怎奈他所得的果物兽肉无地存储，并没有防腐的方法，又不能变卖金钱存在银行，结果恐怕只有放弃他私有财产的人生观）。到了农业社会，有了一定的住所，有了仓库，谷物又比较的易于保存，独立生产的小农，只有土地占有的必要，没有通力合作的必要，私有财产观念，是如此发生的；到了工业社会，家庭的手工的独立生产制已不能存立，成千成万的人组织在一个通力合作的机关之内，大家无工做便无饭吃，无工具便不能做工，大家都没有生产工具，生产工具已为少数资本家私有了，非将生产工具收归公有，大家只好卖力给资本家，公有财产观念，是如此发生的。第四，守旧维新之争持，乃因为现社会有了经济的变化，而与此变化不适应的前社会之制度仍旧存在，束缚着这变化的发展，于是在经济上利害不同的阶级，自然会随着变化之激徐，或激或徐的冲突起来。第五，物质精神之异见，少数人因为有他的特殊环境，一般论起来，慢说工厂里体力工人了，就是商务印书馆月薪二三十元的编辑先生，日愁衣食不济，那有如许闲情像张君劢、梁启超高谈什么精神文明东方文化。第六，社会主义之发生，和公有财产制是一事。第七，人性中本有为我利他两种本能，个人本能发挥的机会，乃由于所遭环境及所受历史的社会的暗示之不同而异。第八，悲观乐观见解之不同，亦由于个人所遭环境及所受历史的社会的暗示而异，试观各国自杀的统计，不但自杀的原因都是环境使然，而且和年龄性别职业节季等都有关系。第九，宗教思想之变迁，更是要受时代及社会势力支配的：各民族原始的宗教，依据所传神话，大都是崇拜太阳，火，高山，巨石，毒蛇，猛兽等的自然教；后来到了农业经济宗法社会，族神祖先农神等多神教遂至流行；后来商业发达，随着国家的统一运动，一神教遂至得势；后来工业发达，科学勃兴，无神非宗教之说随之而起；即在同一时代，各民族各社会产业进化之迟速不同，宗教思想亦随之而异，非洲、美洲、南洋蛮族，仍在自然宗教时代，中国、印度，乃信多神，商工业发达之欧、美，多奉基督；使中国圣人之徒生于伦敦，他也要奉洋教，歌颂耶和华；使基督信徒生在中国穷乡僻壤，他也要崇拜祖宗与狐狸。以上九项种种不同的人生观，都为种种不同客观的因果所支配，而社会科学可一一加以分析的论理的说明，找不出那一种是没有客观的原因，而由于个人主观的直觉的自由意志凭空发生的。

梁启超究竟比张君劢高明些，他说："君劢列举'我对非我'之九项，他以为不能用科学方法解答者，依我看来什有八九倒是要用科学方法解答。"梁启超取了骑墙态度，一面不赞成张君劢，一面也不赞成丁在君，他自己的意见是：

> 人生问题，有大部分是可以——而且必要用科学方法来解决的。却有一小部分——或者还是最重要的部分是超科学的。

他所谓大部分是指人生关涉理智方面的事项，他所谓一小部分是指关于情感方面的事项。他说："既涉到物界，自然为环境上——时间空间——种种法则所支配。"理智方面事项，固然不离物界，难道情感方面事项不涉到物界吗？感官如何受刺激，如何反应，情感如何而起，这都是极普通的心理学。关于情感超科学这种怪论，唐钺已经驳得很明白。

但是唐钺驳梁启超说:"我们论事实的时候,不能羼入价值问题。"而他自己论到田横事件,解释过于浅薄,并且说出"没有多大价值"的话,如此何能使梁启超心服!其实孝子割股疗亲,程婴、杵臼代人而死,田横、乃木自杀等举动,在社会科学家看起来,无所谓优不优,无所谓合理不合理,无所谓有价值无价值,无所谓不可解,无所谓神秘,不过是农业的宗法社会封建时代所应有之人生观。这种人生观乃是农业的宗法社会封建时代之道德传说及一切社会的暗示所铸而成,试问在工业的资本主义社会,有没有这样举动,有没有这样情感,有没有这样的自由意志?

范寿康也是一个骑墙论者,他主张科学是指广义的科学,他主张科学决不能解决人生问题的全部。他说:"人生观一部分是先天的,一部分是后天的。先天的形式是由主观的直觉而得,决不是科学所能干涉。后天的内容应由科学的方法探讨而定,决不是主观所应妄定。"他所谓先天的形式,即指良心命令人类做各人所自认为善的行为。

什么先天的形式,什么良心,什么直觉,什么自由意志,一概都是生活状况不同的各时代各民族之社会的暗示所铸而成:一个人生在印度婆罗门家,自然不愿意杀人,他若生在非洲酋长家,自然以多杀为无上荣誉;一个女子生在中国阀阅之家,自然以贞节为他的义务,他若生在意大利,会以多获面首夸示其群；西洋人见中国人赤膊对女子则骇然，中国人见西洋人用字纸揩粪则惊讶；匈奴可汗父死遂妻其母，满族初入中国不知汉人礼俗，皇太后再嫁其夫弟而不以为耻；中国人以厚葬其亲为孝，而蛮族有委亲尸于山野以被鸟兽所噬为荣幸者；欧美妇女每当稠人广众吻其所亲，而以为人妾为奇耻大辱；中国妇人每以得为贵人之妾为荣幸，而当众接吻虽娼妓亦羞为之：由此看来，世界上那里真有什么良心，什么直觉，什么自由意志！

丁在君不但未曾说明"科学何以能支配人生观"，并且他的思想之根底，仍和张君劢走的是一条道路。我现在举出两个证据：

第一，他自号存疑的唯心论，这是沿袭了赫胥黎、斯宾塞诸人的谬误；你既承认宇宙间有不可知的部分而存疑，科学家站开，且让玄学家来解疑。此所以张君劢说："既已存疑，则研究形而上界之玄学，不应有丑诋之词。"其实我们对于未发现的物质固然可以存疑，而对于超物质而独立存在并且可以支配物质的什么心（心即是物之一种表现），什么神灵与上帝，我们已无疑可存了。说我们武断也好，说我们专制也好，若无证据给我们看，我们断然不能抛弃我们的信仰。

第二，把欧洲文化破产的责任归到科学与物质文明，固然是十分糊涂,但丁在君把这个责任归到玄学家教育家政治家身上,却也离开事实太远了。欧洲大战分明是英德两大工业资本发展到不得不互争世界商场之战争,但看他们战争结果所定的和约便知道,如此大的变动,那里是玄学家教育家政治家能够制造得来的。如果离了物质的即经济的原因,排科学的玄学家教育家政治家能够造成这样空前的大战争;那末,我们不得不承认张君劢所谓自由意志的人生观真有力量了。

我们相信只有客观的物质原因可以变动社会,可以解释历史,可以支配人生观,这便是"唯物的历史观"。我们现在要请问丁在君先生和胡适之先生:相信"唯物的历史观"为完全真理呢,还是相信唯物以外像张君劢等类人所主张的唯心观也能够超科学而存在?

十二,十一,十三

附录二　答陈独秀先生

陈独秀先生在他的序文的结论里说:

> 我们相信只有客观的物质原因可以变动社会,可以

解释历史,可以支配人生观,这便是"唯物的历史观"。我们现在要请问丁在君先生和胡适之先生:相信"唯物的历史观"为完全真理呢?还是相信唯物以外像张君劢等类人所主张的唯心观也能够超科学而存在?

我不知道丁先生要如何回答他;但我个人的意见先要说明:(1)独秀说的是一种"历史观",而我们讨论的是"人生观"。人生观是一个人对于宇宙万物和人类的见解;历史观是"解释历史"的一种见解,是一个人对于历史的见解。历史观只是人生观的一部分。(2)唯物的人生观是用物质的观念来解释宇宙万物及心理现象。唯物的历史观是用"客观的物质原因"来说明历史(狭义的唯物史观则用经济的原因来说明历史)。

说明了以上两层,然后我可以回答独秀了。我们信不信唯物史观,全靠"客观的物质原因"一个名词怎样解说。关于这一点,我觉得独秀自己也不曾说的十分明白。独秀在这篇序里曾说,"心即是物之一种表现"(序页十)。那么,"客观的物质原因"似乎应该包括一切"心的"原因了,——即是知识,思想,言论,教育等事。这样解释起来,独秀的历史观就成了"只有客观的原因(包括经济组织,知识,思想等等)可以变动社会,可以解释历史,可以支配人生观。"这就是秃头的历史观,用不着戴什么有色采的帽子了。这种历史观,我和丁在君都可以赞成的。

然而独秀终是一个不彻底的唯物论者。他一面说"心即是物之一种表现",一面又把"物质的"一个字解成"经济的"。因此,他责备在君不应该把欧战的责任归到那班非科学的政治家与教育家的身上。他说:

> 欧洲大战分明是英德两大工业资本制度发展到不得不互争世界商场之战争,但看他们战争结果所定的和约便知道,如此大的变动,那里是玄学家教育家政治家能够制造出来的?

欧洲大战之有经济的原因,那是稍有世界知识的人都承认的。在君在他的两篇长文里那样恭维安基尔的《大幻想》(《玄学与科学》页二六,《答张君劢》页一六。)他岂不承认欧战与经济的关系?不过我们治史学的人,知道历史事实的原因往往是多方面的,所以我们虽然极欢迎"经济史观"来做一种重要的史学工具,同时我们也不能不承认思想知识等事也都是"客观的原因",也可以"变动社会,解释历史,支配人生观"。所以我个人至今还只能说,"唯物(经济)史观至多只能解释大部分的问题"。独秀希望我"百尺竿头更进一步",可惜我不能进这一步了。

其实独秀也只承认"经济史观至多只能解释大部分的问题"。他若不相信思想知识言论教育也可以"变动社会，解释历史，支配人生观"，那么，他尽可以袖着手坐待经济组织的变更就完了，又何必辛辛苦苦地努力做宣传的事业，谋思想的革新呢？如果独秀真信仰他们的宣传事业可以打倒军阀，可以造成平民革命，可以打破国际资本主义，那么，他究竟还是丁在君和胡适之的同志，——他究竟还信仰思想知识言论教育等事也可以变动社会，也可以解释历史，也可以支配人生观！

十二，十一，廿九

附录三　答适之

陈独秀

我对于适之先生这篇序，固然赞美其能成立一家言，但有不能同意之二点：

（一）这回的争论当然有两个问题，一个是"科学的人生观是否错误？"一个是"科学能否支配一切人生观？"后者的讨论多于前者，适之说是共同的错误，其实是适之个人的错误。何以呢？梁启超、张君劢这班人，当初也未必不曾经过极肤浅的唯物即科学的人生观，只因他们未曾敲过社会科学的门，阅世又稍稍久远，接触了许多稀奇古怪的人生观，都和科学的原理原则相隔太远，于是他们的第一观念便是"人生观超于科学以上"，"科学决不能支配人生"。他们对科学的信仰如此破坏了，第二观念方思维到科学的人生观本身之错误与否。并且梁启超更聪明一点，他骂得科学简直是罪孽深重不自陨灭祸延人类，而同时却又说："我绝不承认科学破产，不过也不承认科学万能罢了。"所以我们现在所争的，正是科学是否万能问题，此问题解决了，科学已否破产便不成问题了。照适之的意见，只须努力具体的说明科学的人生观，不必去力争科学可否解决人生观的问题，像这样缩短战线，只立而不破的辩论法，不是纵敌，便是收兵。无论你科学的人生观有如何具体的说明，张君劢、梁启超可以回答你：适之先生！我们佩服你科学的人生观也很高明，我们本来不曾承认科学破产；但是人类社会除了你这样高明的人生观以外，另外还有许多人生观，如先生所说的做官发财的人生观，靠天吃饭的人生观，求神问卜的人生观，《安士全书》的人生观，《太上感应篇》的人生观，其余三天三夜也说不尽的人生观，却都是超科学的，却都是科学所不能支配的，他们的世界大得很哩，科学的万能在那里？适之只重在我们自己主观的说明，而疏忽了社会一般客观的说明，只说明了科学的人生观自身之美满，未说明科学对于一切人生观之威权，不能证明科学万能，使玄学游魂尚有四出的余地；我则以为，固然在主观上须建设科学的人生观之信仰，而更须在客观上对于一切超科学的人生观加以科学的解释，毕竟证明科学之威权是万能的，方能使玄学鬼无路可走，无缝可钻。

（二）社会是人组织的，历史是社会现象之记录，"唯物的历史观"是我们的根本思想，名为历史观，其实不限于历史，并应用于人生观及社会观。适之说："独秀说的是一种历史观，（我明明说'只有客观的物质原因可以变动社会，可以解释历史，可以支配人生观'，何尝专指历史？）而我们讨论的是人生观。"我依据唯物史观的理论来讨论人生观，适之便欲强为分别；倘适之依据实验主义的理论来讨论人生观，别人若说："我们讨论的是人生观，适之说的是一种实验主义的哲学"，适之服是不服？或者适之还不承认唯物史观也是一种哲学，想适之不至如此。适之好像于唯物史观的理论还不大清楚，因此发生了许多误会，兹不得不略加说明。第一，唯物史观所谓客观的物质原因，在人类社会，自然以经济（即生产方法）为骨干。第二，唯物史观所谓客观的物质原因，是指物质的本因而言，由物而发生之心的现象，当然不包括在内。世界上无论如何彻底的唯物论者，断不能不承认有心的现象即精神现象这种事实（我不知适之所想像之彻底的唯物论是怎样?）；唯物史观的哲学者也并不是不重视思想文化宗教道德教育等心的现象之存在，惟只承认他们都是经济的基础上面之建筑物，而非基础之本身；这是因为唯物史观的哲学者，是主张如左〔下〕表

$$
经济 \begin{cases} 制度 \\ 宗教 \\ 思想 \\ 政治 \\ 道德 \\ 文化 \\ 教育 \end{cases}
$$

之一元论，而非如左〔下〕表

经济
宗教
思想
政治
道德
文化
教育

之多元论。这本是适之和我们争论之焦点。我们何以不承认多元？别的且不说，单就适之先生所举的思想及教育来讨论。中国古代大思想家莫如孔、老，他们思想的来因，老是小农社会的产物，孔是宗法封建的结晶，他们的思想即他们社会经济制度的映相，和希腊亚里斯多德拥护农奴制一样，并无多少自由创造。他们思想的效果，中国周末农业品手工业品之交易渐渐发达起来（观《史记货殖传》所述及汉朝种种抑制商人的法令可知），当时的社会已远离了部落生活，已不是单纯的农业经济，已开始需要一个统一的国家，所以当时挂的是道家儒家招牌，卖的是法家药料，并且自秦始皇一直到宣统，都是申、韩世界。思想的价值如此。再说教育，我们有何方法在封建社会的经济组织之下，使资本社会的教育制度实现？我们又有何方法在资本社会制度之下，使人人都有受教育的机会？漫说资本社会制度之下了，就是趋向社会主义的俄罗斯，非不极力推重教育，列宁屡次很沉痛的说："在教育不普及的国家中建设共产社会是不可能的事。""要使教育极不普及的俄罗斯很快的变成一个人民极开通的国家，是一件不可能的事。"但以物质的条件之限制，无论列宁如何热诚，所谓教育普及，眼前还只是一句空话。欧美资本社会教育进步，完全是工业发达的结果，工业家不但需学术精巧的技师，并且需手艺熟练的工人，资本阶级为发财计不得不发达教育,家庭农业家庭手工业社会自不需此,所以有些中国人一面绝不注意工业,一面却盲目的提倡教育,真是痴人说梦。教育本身的地位如此。适之说:"如果独秀真信仰他们的宣传事业可以打倒军阀,云云"我老实告诉适之,如果我们妄想我们的宣传他本身的力量可以打倒军阀,可以造成平民革命,可以打破国际资本主义,我们还配谈什么唯物史观!常有人说:白话文的局面是胡适之、陈独秀一班人闹出来的。其实这是我们的不虞之誉。中国近来产业发达人口集中,白话文完全是应这个需要而发生而存在的。适之等若在三十年前提倡白话文,只需章行严一篇文章便驳得烟消灰灭,此时章行严的崇论宏议有谁肯听?适之又说:"他(指独秀)若不相信思想知识言论教育,也可以变动社会,解释历史,支配人生观,那么,他尽可以袖着手坐待经济组织的变更就完了,又何必辛辛苦苦地努力做宣传的事业,谋思想的革新呢?"我的解答是:在社会的物质条件可能范围内,唯物史观论者本不否认人的努力及天才之活动。我们不妄想造一条铁路通月宫,但我们却不妨妄想造一条铁路到新疆;我们不妄想学秦皇、汉武长生不老,但我们却不妨极力卫生以延长相当的寿命与健康的身体。人的努力及天才之活动,本为社会进步所必需,然其效力只在社会的物质条件可能以内。思想知识言论教育,自然都是社会进步的重要工具,然不能说他们可以变动社会解释历史支配人生观和经济立在同等地位。我们并不抹杀知识思想言论教育，但我们只把他当做经济的儿子，不像适之把他当做经济的弟兄。我们并不否认心的现象，但我们只承认他是物之一种表现，不承认这表现复与物有同样的作用。适之赞成所谓秃头的历史观，除经济组织外，"似乎应该包括一切'心的'原因——即是知识，思想，言论，教育等事"。"心的"原因，这句话如何在适之口中说出来！离开了物质一元论，科学便濒于破产，适之颇尊崇科学，如何对心与物平等看待，适之果坚持物的原因外，尚有心的原因，——即知识，思想，言论，教育，也可以变动社会，也可以解释历史，也可以支配人生观，——像这样明白主张心物二元论，张君劢必然大摇大摆的来向适之拱手道谢！！！

十二，十二，九

（收入《科学与人生观》，1923年12月亚东图书馆初版）

《林肯》序

英国现代文人德林瓦脱（John Drinkwater）的这本历史戏是1918年编的，先在伯明罕戏园演过，已哄动一时；后来大文豪班涅（Arnold Bernett）等在伦敦附近的汉茂斯密（Hammersmith）办了一个新戏园，遂把伯明罕的原班请来，重演此戏，成绩更大。汉茂斯密虽在乡间，伦敦贵族士女也争来看此戏；有一天，一位前任司法大臣从伦敦赶来看戏，竟买不着座位，只好扫兴回去！后来这本戏在英美两国演做，都受绝大的欢迎。

这本戏可算是一件空前的大成功。为什么呢？因为这本戏一来是一种政治历史戏，平常人向来是不大欢喜政治历史戏的；二来全本没有男女爱情的事，更不应该受欢迎了；然而这本戏居然受了英美两国的大欢迎，居然哄动了几千万人，居然每晚总能使许多人感动下泪！这不是一件空前的大成功吗？

这本戏的著者德林瓦脱是现代的一个诗人，他的诗集出版的有下面的各种：

Poems 1908—1914.

Pawns; Three Poetic Plays.

Olton Pcols.

Swords and Ploughshares.

他又是一个很懂得戏剧的艺术的人，他曾编有戏剧，——上面举的第二部书即是三种诗剧，——他又做过伯明罕戏园的艺术主任，故他能于旧有的戏剧之外，别开生面，打出这条新路来，创造这种近代的政治历史戏。

这本戏共有六幕事实的大要如下：

第一幕，（1860年）共和党大会已推定林肯为本党的候选总统，派代表四人到林肯家中来，请他接受这个推选。林肯允出来候选。

〔这一年大选举的结果，林肯得一百八十六万多票，被选为总统，尚未正式就任，而南加洛林纳（South Carolina）邦首先宣告脱离联邦而独立。到林肯就职时（1861年3月），已有七邦宣告独立了！〕

第二幕，（次年）南北的战端将开，南军要进攻撒姆特炮台，要想林肯把那炮台的驻兵召回，故派代表二人私去见国务卿希华德，请他设法劝林肯让步。希华德是共和党的大人物，平日不大把林肯放在眼里，故允许了南代表。幸而林肯撞见他们，切实答复南代表，说他为维持统一国家起见，决不承认南方各邦有分离的权利，决不让步。〔南军遂进攻撒姆特，国军力竭饷绝，始降。这是第一次开战。〕

第三幕，（约两年后）南北开战已两年了，这一幕借两个妇人的口气写出两种心理。一个勃罗（Blow）夫人，译言"打"，代表军阀好战的心理；一个阿特利（Otherly）夫人，译言"别样"，代表那和平派反对战争的心理。林肯对他们的话语与态度可以表示他是不得已而战的。

第四幕，（约与前幕同时）北军已见胜利了。林肯开内阁会议，讨论宣布释放黑奴的事。南北之战的原因，自然是南邦蓄奴的问题。南方各邦始终否认联邦政府有干涉蓄奴问题的权利，故一变而为中央政府与邦政府的权限问题。这个问题争了几十年，没有解决；后来南方各邦越闹越激烈了，就主张南方分离，自成一独立的"联邦"（Confederacy）。故这个问题再变而为统一与分离的问题。林肯是一个大政治家，他知道黑奴问题比统一问题轻的多，故他认定"维持统一"为战争的第一个目的。故他说："如果不释放奴隶可以维持统一，我要做的；如果释放全数的奴隶可以维持统一，我要做的；如果释放一部分，留下一部分，可以维持统一，我也要做的。我战争的第一个目的是要维持统一。"但他始终不曾忘记黑奴的问题,故国军战事顺利之后,林肯知道南军的败挫已可决定了,他就不顾内阁的反对,毅然决然的宣布释放黑奴的宣言。这是林肯与威尔逊不同之处。威尔逊等到战事终了之后方才谈到善后的条件,故完全失败。林肯不等战事终了之后就先实行他的理想,故完全胜利。

第五幕,(1865年4月)写林肯到格兰脱将军营中,写格兰脱将军受李将军的降服。李将军一降,南邦的独立国就完了。

第六幕,(同月)写林肯之死。李将军之降在4月9日,林肯被刺在4月14夜。林肯死后四十五日,——5月29日,——大赦,南北之战正式终结。

林肯为近代史上一个大人物,年代太近了,事迹又太繁重了,很不容易用作戏剧的材料。德林瓦脱自己说他最得力于英国庄吴勋爵(Lord Charnwood)的《林肯传》,他运用历史材料的手段,真可佩服!他在他的自序里说:

> 第一,我的目的并不是做历史,是做戏。历史家的目的,已有许多林肯传记很忠实的做到了。……我虽不曾错乱历史,但我不得不把历史事实缩拢来,稍稍加上一点变动,使戏剧的意味得尽量发挥出来。……

第二，我是一个戏剧家，并不是政治哲学家。联邦的各邦有没有分离（Secession）的权利，这个问题很可以有种种不同的意见；但我个人赞成或反对林肯的政策，绝不关紧要。我只顾得他的人格在戏剧里的趣味，我只晓得这个用高尚的精神和理想来主持战事的人是一个很感动人的模范。

他从林肯一生的事迹里，只挑出五年；这五年之中，他只挑出几件事。但这几件事已很可以使我们懂得林肯的人格和美国南北之战的大事了。例如第一幕写林肯的帽子，写他看地图，写他跪下祷告；第二幕写林肯完全收服希华德；第三幕写林肯的女仆和那来见的黑人；第四幕写林肯于讨论国事之前先读一段笑话，大事办完之后接写林肯命史莱纳读一段萧士比亚的新剧；第五幕写林肯特赦一个要枪毙的少年，写格兰脱将军对林肯之崇拜；这些都是细小琐碎的事，但这些小节都是替林肯写生的颜料。最好的自然是第二幕收服希华德的一段。林肯在希华德的公事室里碰见南方代表之后，人都退出了，只剩林肯与希华德两人在屋里；林肯停了半晌不说话，忽然说道：

（林）希华德，这是不行的。

（希）你疑心我——

（林）我没有。不过我们说话要坦白。……我组织内阁的时候，第一个我就选到你。我决不懊悔的；并且永远不会懊悔的。但你要记得：忠心能得忠心。……希华德，你也许想我是一个头脑简单的人，可是我能把你的思想看得极清楚，如同你看钟表里的机械一样。你的热心，你在行政上的经验，你的爱人的心，很可以大大的贡献于政府的。不要因为你想我头脑不清楚，把你自己毁了。

（希）（慢慢的）是的，我知道了。我没有把全体详细研究过。

（林）（从袋内取出一张纸来）这是你寄给我的那篇文章。"几条意见，备总统的考虑。对英国的政策，……对俄罗斯的政策，……对墨西哥的政策。总统须得自己管这个，或是交给一位阁员去专管。这不是我个人的专责。但是我也不推委责任，也不包揽事情"。（半晌，两人互相看着，一句话也不说。林肯将那张纸交给希华德，他拿在手里半晌，扯碎了，丢在他的字纸篓里。）

（希）请你原谅。

（林）（握住他的手）那是你的勇敢。

从此以后,那个瞧不起林肯的希华德就死心塌地的做林肯的帮手了。这种描写法,比诸葛亮三气周瑜时,周瑜咬着头上的山鸡毛,搓着两手,要杀诸葛亮的描写法,优劣如何?

又如第五幕写南北之战的两个大英雄——北军的格兰脱,南军的李——的会见,也非常感动人:

(两个领袖面对着面,格兰脱举手,李将军回礼。)

(格)先生,你常使我觉得和你做敌手是荣幸的事。

(李)我不曾有一回不尽力。我承认我败了。

(格)你今回来——

(李)来问你以什么条件接受投降。是的。

(格)(取桌上的纸给李)很简单的。我想你不至于想我不大量罢。

(李)(读了条件)你真大量,先生。我还可以提出一件请求吗?

(格)如果我可以商量,那是很荣幸的。

(李)你许我们的军官保留他们的马匹。那是你的大恩。但我们骑兵的马匹也都是他们自己的。

(格)我明白了。他们在农场上有用的。可以准他们留下。

（李）多谢你。这很能抚慰我们的人民了。你的条件我承认了。

（李将军摘下佩刀，交给格兰脱。）

（格）不，不。这把刀只有一个合适的地方。请你收了。

（李将军收了刀。格兰脱伸手，李将军同他握手。互相举手行礼，李将军退出。）

这种描写法，既不背历史事实，又能在寥寥几句话里使两个英雄的神情态度在戏台上活现出来。我们如果真想打破那些红脸黑脸，翻斤斗，金鸡独立，全武行……的历史戏，不应该研究研究这种描写法吗？

十，六，十九
（收入德林瓦脱著，沈性仁译：《林肯》，1921年12月商务印书馆初版）

《日本的幽默》序

老友显光兄发现和欣赏日本幽默虽然迟了些,我却还要由衷地庆贺他。

大家知道,每一个国家都有它自己的幽默,可是经常不容易给外人了解和欣赏的。最大的障碍是语言,习惯,历史文化传统的不同,再加上表达幽默的时候又常要加上些特殊的地方色采。有了这种种障碍才造成了某某民族不懂幽默的神话。

有一位美国朋友告诉我一只故事说:他有一次在一只横渡大西洋的大邮船上发现一个日本人每一个清晨每一个下午一定经常地在甲板上散着步。一天,风浪十分大,那个日本人还是照常散着步。当这个日本人走过我那美国朋友躺椅的面前时,美国朋友招呼着说道:"我发现你真是一位好Sailor。"(按英文 Sailor 原意虽作水手解,土话引申作为航海的旅客,好

Sailor 意即不怕风浪的人。）那个日本人立定了答复道："先生，错了。我不是水手；我是一位日本的贵族。"

或者就像这样不懂外国语里的土话才造成了日本人没有幽默的神话。

我有很多日本朋友，他们的幽默感使我深感兴趣。可是，我还是要说，我收集国际怕老婆的故事，始终没有得到他们的帮助。再到显光兄收的堆里去找也没有，大使这本集子里既然提到了我日本没有怕老婆故事的批评，他写的那节"野蛮风俗"故事，又跟我1953年在日本外务大臣冈崎胜男招宴席上说的那段故事大有出入，我现在就把我当时发表收集怕老婆故事的政治意义，连同这故事本身，一并自己来说一说吧。

先从我收集这些故事说起。我在1942年就开始收集有关怕老婆的各国语文的故事，笑话和漫画。我常常告诉朋友们说："你在这个收藏里面可以找到了解国际大问题的钥匙，大到和战问题也不会例外。你瞧吧：我这里有几百只中国的怕老婆故事，可是没有一只从日本来的。美国，英国，斯干狄那维亚的这种故事也有几百只（麦克马纳斯的'带大父亲'McManus's Bringingup Father我只采用了几只），可是没有一只从德国来的。倘然我们做一个结论说，人类中间这一种怕老婆的低级种子，只能在民主国家里繁殖，不会产生在极权国家的土壤上，或者还不会错吧？"

到了1943年，我的收藏格外丰富了，我又向朋友们说道："这里又有很多意大利怕老婆的故事，这中间玛吉亚维利（Machiavelli）写的那一只可以算是我全部收藏里面最好的一只。我真要相信，意大利既然编入了怕老婆国家的一栏里，恐怕它挤在轴心国家边上不会感觉到愉快的吧。"意大利就在这一年的9月8日投降了。

现在我再来把大使极度没有日本风味的命题"野蛮风俗"所指的那节原始故事说一说！

在冈崎的宴会席上（那一天有很多中日女客），我提到我的这批收藏和它的国际意义来做增加宾主兴趣的谈助。为了要证实日本丈夫从前不怕老婆的论据，我就讲了下面一段故事：

在1916年那时候，中日战争还有一点可以避免的希望。因此两国的银行家实业家忙着磋商交换访问团体，研究两国间经济实业合作的可能性。先由中国银行家实业家组织团体访日。日本也由儿玉领导组织了一个访问团到中国来答访。

儿玉在上海时，把下面一节故事告诉我的朋友徐新六：

"我们的船从神户开出的时候,我就召集了全体团员和他们的眷属,告诫他们到了中国应该怎样检点自己的行动。我提醒他们,中国是男女平等的,因此我们要特别留神,不要让中国朋友讥笑我们的重男轻女。我又具体指出到了上海登岸的时候,妻子绝对不要跟在丈夫的后面,两个人要臂挽着臂走,皮包该由男的拿,不能让女的去提。

"大家都同意我的说法。于是就把行李搬到甲板上,每一个丈夫一手提皮包,一手挽着妻子演习着。演习得十分纯熟。

"可是,到了第二天,船还没有靠岸,很多中国朋友蜂拥到我们船上来欢迎我们。他们人数是那样的多,欢迎又那样的热烈,竟使我们都把妻子忘记了。我们登了岸,欢迎我们的中国朋友格外的多了,我突然想起昨天说的那一套话。回头再向船上看,只见我们的那一堆可怜的妻子,拖着大包小包,挤在人堆里在挣扎着,没有一个丈夫挽着她们任何一个的膀臂。我们全部考虑周详的决议和训练纯熟的演习都是白费了!"

我讲完了这只故事,在座的谷先生说:"儿玉先生也曾经把这只故事讲给我听过。我可以证明胡先生刚才说的跟原始故事是一样的。"

儿玉的故事表现了日本幽默最美妙的部分，虽然这并不能跟我们大使的"野蛮风俗"所说的完全一样。我希望老友前田多门可以把日本产丝区真正怕老婆的好故事借给显光兄，不要让新宪法以及"尼龙""戴龙"那些化学纤维纠正了这只不平等的天秤之后，淹没了这些故事使后世历史家收藏家都无从着手了。

胡适　1955年11月14日

（收入董显光著：《日本的幽默》，1956年东京董显光自印本）